DR JEAN HÉDER PETIT-FRÈRE

LA LOI INCONTOURNABLE DE LA SUCCESSION

POUR DONNER UN REPÈRE AUX GÉNÉRATIONS FUTURES

"Ce n'est pas seulement pour eux que je te prie; c'est aussi pour ceux qui croiront en moi grâce à leur témoignage."

Jean 17:20 (BDS)

Publication de l'édition originale en langue française par :

Jean Héder PETIT-FRÈRE, D. Min.
Pasteur principal du Centre Diplomatique Famille Tabernacle de Louange (FTL) et président fondateur du Ministère Shabach International (MSI)
Copyright © 2020, par Dr Jean Héder PETIT-FRÈRE,

Tous droits réservés.

Les Editions Kingdom Records Unlimited
www.krunltd.com

Pour l'édition originale, impression essai en langue française
Première impression, Décembre 2020

Pour tout renseignement, merci de vous adresser à :
Jean Héder Petit-Frère & Ministères (JHPFMI)
77, rue Cayemite prolongée, Waney 93
Carrefour, Haïti (W.I)
Téléphone: (509) 3939-1212
Site Web: www.jeanhederpetitfrere.com
Email: jhpetitfrere@gmail.com

Conception et mise en page: *ARTWORK.HT*
+509 2811 2811

" *Celui qui n'a pas de père est sans repère.* "

*À mes feus pères spirituels,
Drs Myles MUNROE et Richard PINDER,
Des mentors exceptionnels.*

In memoriam

Je dois à deux de mes pères spirituels, les feus Drs Myles MUNROE et Richard PINDER, unis naturellement, maris de deux sœurs biologiques, jumelés par leurs raisons d'être, dont la mort même n'a pas eu l'opportunité de séparer ces loyaux frères dit-on « siamois », et sont définitivement demeurés un et indivisible jusqu'à la mort. En tout état de cause, je voudrais offrir un tribut particulier de gratitude à la mémoire de ces deux de mes géniteurs spirituels, en empruntant ces quelques fragments de ce poème funèbre que David adressait à son fidèle ami, Jonathan :

« *Je suis dans la douleur à cause de vous, Drs Myles Munroe et Richard Pinder, mes pères spirituels. Vous faisiez tout mon plaisir. Votre amour pour moi était merveilleux, supérieur a l'amour des femmes. Comment des héros ont-ils pu tomber ? Comment leurs armes ont-elles pu être détruites.* » **(II Samuel 1, 26-27)**

Pour les prodigieuses et fructueuses semences enfouies en moi, et que vous m'avez aidé à découvrir dans l'optique de les mettre à profit, je vous en suis profondément reconnaissant.

Honorables pères, vous aviez considérablement et noblement contribué à cet arbre que je deviens aujourd'hui sous lequel d'aucuns se reposent et découvrent eux aussi leurs destinées. Je suis fier de vous, là dans le sein d'Abraham où vous êtes.

Voilà pourquoi, je reproduis en votre mémoire ces quelques pages sur ce sujet extrêmement important, et qui va être très utile, pensé-je, au Corps de Christ.

AVANT-PROPOS

En pensant soigneusement à la vie sur terre, nous voyons combien elle est courte, précieuse et fragile. Cela nous oblige à commencer de toute urgence et sagement à faire des plans appropriés avant notre propre sortie de ce monde. La rédaction de notre testament est l'endroit où nous pouvons laisser notre héritage. Notre transition est une nomination fixe que nous ne pourrons ni renégocier ni modifier. Nous finirons par nous rendre compte que notre voyage et notre vie sur terre s'achèveront bientôt. Paul a documenté notre rendez-vous avec la mort pour nous encourager à laisser un héritage par la succession comme il l'a fait avec son fils Timothy. Hébreux 9:27 (KJV) *"Et comme il est prescrit aux hommes de mourir une seule fois, mais après cela le jugement"*.

Notre propre mortalité deviendra notre motivation et notre indicateur de mesure pour trouver des successeurs. Moïse a laissé son héritage en Josué, tandis qu'Élie a laissé le sien en Élisée et Paul s'est déversé dans Timothée. La question est de savoir qui vous laisseriez pour perpétuer votre héritage une fois que vous aurez fait la transition dans le Royaume? Ce livre, La loi incontournable de la Succession, est écrit avec l'intention de nous entraîner et de nous aider à laisser notre marque sur terre comme un phare pour un navire perdu. Il guidera votre leadership, surtout dans les heures les plus sombres de l'obscurité. Le Dr Petit-Frère a soigneusement rédigé et versé ses expériences, ses succès et ses échecs dans ce manuscrit dans le seul but de choisir les bons successeurs pour perpétuer notre héritage bien avant notre départ. Nous avons été conçus pour vivre au-delà de nos tombes par la succession et ensuite jusqu'à une assignation d'intercession au Ciel pour le succès de nos successeurs.

LA LOI INCONTOURNABLE DE LA SUCCESSION

Il y a certaines choses dans notre vision que nous ne pouvons faire que dans le ciel, afin que nos missions sur terre puissent se poursuivre par la succession. Nous avons été conçus pour être interdépendants plutôt qu'indépendants. Ce livre fait appel à la responsabilité pieuse que nous avons de laisser quelque chose à la prochaine génération pour modeler et être satisfait selon le Psaume 145:4. Le roi David a dit dans les Psaumes de 145 et le verset 5 (NASB) que "Une génération louera tes œuvres à une autre, et déclarera tes actes puissants". Nous avons vu et entendu plus de: Myles Munroe, Richard Pinder, Martin L. King, Nelson Mandela, Mère Thérésa et Mahatma Gandhi dans leur mort que de leur vie à travers la génération qu'ils ont laissée pour continuer. Nous en savons plus sur les dinosaures dans leur extinction à cause des fossiles qu'ils ont laissés sur les roches de la terre. Vous et moi pouvons laisser nos fossiles sur le rocher de tous les âges qui est Jésus fils de Dieu.

En dépit de tout, nous avons une obligation envers la prochaine génération. L'absence de successeurs ne donnera naissance qu'à des tyrans non éprouvés et à des enfants leaders non qualifiés. Pour reprendre les mots de notre leader, le Dr Myles Munroe, "*La succession est le transfert, la transmission et la transition efficaces de la vision, de la passion, du but, de l'intention, des rêves, du caractère, des normes, des valeurs, de la morale et des qualités du leader aux générations successives de dirigeants*". 1 Thessaloniciens 4:13 }Mais je ne veux pas, frères, que vous soyez ignorants au sujet de ceux qui se sont endormis, de peur que vous ne soyez affligés comme d'autres sans espérance. 14 Car si nous croyons que Jésus est mort et ressuscité, de même Dieu amènera avec lui ceux qui dorment en Jésus. Cette déclaration que Paul a faite soutient clairement le fait que les grands leaders en Christ ne meurent jamais, mais qu'ils vivent dans la vie de leurs successeurs tout en se reposant de leurs travaux.

Le Dr Petit-Frère a les yeux d'un aigle mais la loyauté d'une huître. Malgré les nombreuses opportunités de quitter son pays natal, Haïti, il a choisi de rester planté au milieu de ses défis. C'est dans ces défis et ces changements que la naissance de sa perle restera un héritage à ses successeurs longtemps après son départ. Ce livre a soigneusement gravé et documenté les expériences de sa vie pour tous ceux qui veulent apprendre à partir en *"légende"*. Chaque page de ce livre changera non seulement votre vie, mais elle révolutionnera gracieusement votre façon de penser et remettra en question vos motifs. *LAISSONS NOS TOMBES COMME MUSÉE À NOS ÉLÈVES POUR QU'ILS PUISSENT NAVIGUER DANS LA VIE EN TOUTE SÉCURITÉ ET MIEUX QUE NOUS.*

R. Pepe Ramnath, PhD - EO-UN
Ambassadeur, chercheur scientifique et Pasteur

SOMMAIRE

In memoriam

AVANT-PROPOS

INTRODUCTION   8
L'énigme « leadership »

CHAPITRE 1   12
Le leadership : un héritage qui s'assume

1) La loi de la productivité   12

2) Les grands leaders se perpétuent   13

3) Tout ce qui ne se reproduit pas meurt   17

4) Vos impacts ne sont jamais négligeables   19

5) En résumé :   22

CHAPITRE 2 — 24

Le ralliement par la vision

1) Ce qui caractérise un leader efficace — 24

2) La loi de l'interdépendance — 25

3) Comprendre la loi de la continuité — 27

4) Le miracle de la vision partagée — 29

5) En résumé : — 32

CHAPITRE 3 — 34

La succession : couronnement du leader

1) Nul n'est parfait — 34

2) La mesure du succès dans le leadership — 37

3) La succession est une nécessité — 38

4) L'obligation du leadership — 40

5) Le but ultime du leadership — 41

6) Les secrets de la succession dans le leadership — 42

7) La succession conserve le succès — 42

8) En résumé :   45

CHAPITRE 4   **46**
Le processus de la succession

1) Avez-vous identifié le prétendant idéal ?   47

2) Un successeur de caractère   47

3) Le facteur de l'influence   48

4) Votre attitude est déterminante   48

5) Développez les relations interpersonnelles   49

6) Développez la confiance   50

7) Aptitudes à communiquer efficacement   51

8) Prêchez par l'exemple   52

9) En résumé :   54

CHAPITRE 5   56

Au service de son prédécesseur

1) La loi de la progression   56

2) La loi du service   56

3) Les trois phases de la vie d'un leader   58

4) Il y a un prix à payer   59

5) En résumé :   63

CHAPITRE 6   64

La loi de la substitution

1) Il y a toujours quelqu'un d'autre   64

2) Pourquoi ne reproduisons-nous pas de bons leaders ?   66

3) Les marques d'un leader en sécurité émotionnelle   68

4) Évitez de commettre des erreurs   69

5) Principes pour identifier le bon prétendant   70

6) Jésus et le choix de ses successeurs   71

7) Faire le test   72

8) En résumé :   74

CHAPITRE 7   76
La loi du reflux

1) Tout commence dans le cœur   76

2) Tout ce qui n'est pas donné (transmis) est perdu   79

3) Vous n'avez rien à perdre en partageant   80

4) En résumé :   81

EN GUISE DE CONCLUSION   82
Des êtres de destinée

TABLE SYNOPTIQUE   85

INTRODUCTION

L'énigme « leadership »

Alors que tout le monde ou presque sont unanimes à reconnaître que le leadership n'est plus ce qu'il était jadis, la question est encore d'actualité, c'est-à-dire celle qui définirait un véritable leadership.

L'histoire foisonne de noms d'hommes et de femmes ayant érigé une hégémonie extraordinaire et relevé les grands défis de leur époque. Avec le temps, l'idée qu'on se fait du leadership et des personnes aptes à l'exercer a largement évolué. Les compétences relatives au leadership, c'est-à-dire les qualités de chef ou de dirigeant, demeurent indemnes. C'est notre approche de ce que nous entendons par leadership, de la manière dont il fonctionne et dont on apprend à l'appliquer, qui a changé.

Nous disposons en effet d'une théorie générale du leadership, issue de recherches historiques et sociales et surtout des cogitations d'éminents praticiens tels que Moïse, Périclès, Jules César, Jésus-Christ, Martin Luther et, plus près de nous, de puits de sagesse aussi disparates que Mahatma Gandhi, Winston Churchill, Mao Tsê-Tung, Martin Luther King, Jr., Nelson Mandela et, bien entendu, notre très regretté, le Dr Myles Munroe, qui n'ont pas grand-chose en commun si ce n'est que leur empreinte sur des époques, mais encore qu'ils ont essayé avec grande franchise de disserter sur le sujet.

Pourtant, le folklore et l'observation réfléchie ne suffisent pas ; tout ce que nous savons, c'est que les leaders sont solides physiquement et se révèlent de rudes travailleurs cherchant coûte que coûte à aboutir à des résultats adéquats selon le but qu'ils se sont fixé. Aujourd'hui, nous comprenons un peu mieux comment les chefs dirigent, mais il n'a pas été facile d'arriver à une telle déduction.

Des décennies d'analyses académiques ont engendré plus de trois cent cinquante définitions du leadership. Rien qu'au cours des soixante-quinze dernières années, des milliers d'études empiriques ont été effectuées. Malgré cela on ne saurait dire clairement et très exactement ce qui distingue les leaders des non-leaders, et peut-être plus important encore, ce qui isole les dirigeants efficaces de ceux qui sont inaptes, déficients et inactifs.

Jamais autant de gens influents n'ont travaillé aussi âprement et aussi longtemps pour dire si peu de choses. Il existe certes, de multiples interprétations du leadership, chacune apportant sa touche particulière et peut-être inédite, mais aucune ne constitue une thèse satisfaisante et pleinement adéquate.

La plupart de ces définitions sont contradictoires, et beaucoup s'éloignent des leaders dont les compétences sont ainsi disséquées. Ces définitions sont le reflet de caprices, de modes, de courants de pensée et de tendances théoriques. Mais entre elle toutes s'élève l'éminence de l'homme qui cultive la capacité de transmettre sa pensée. Celui dont les qualités lui permettent de transcender au-delà de la tombe, de pérenniser son idéal même après des milliers d'années ; celui dont les caractéristiques contribuent à édifier des empires et à maintenir l'idée de grandeur de génération en génération.

De ce fait, si l'on n'arrive pas encore à constituer une définition aussi pertinente que le fait de rendre les gens impatients de passer à l'action ; le fait d'être enthousiaste, captivant et plein de charisme, alors arrivera-t-on peut être à forger, dans les quelques pages qui suivent, une idée plus ou moins opportune concernant le concept de dirigeant efficace. Car à l'inverse, il conviendra de coller définitivement au terme de leadership l'étiquette que Braque donnait un jour à l'art : « *La seule chose qui importe dans le leadership, c'est la partie qu'on peut comprendre.* »

CHAPITRE 1

Le leadership : un héritage qui s'assume
(La responsabilité première du leader)

1) La loi de la productivité

Ce qu'il y a de plus essentiel à comprendre dans la question du leadership consiste à savoir que l'implication de toute personne jouant un rôle de dirigeant passe d'abord par sa capacité à susciter d'autres personnes à le suivre et, éventuellement, à le remplacer. Il va sans dire que créer un climat propice à l'émergence de leaders potentiels constitue une tâche essentielle, ou sinon l'unique fonction de tout vrai dirigeant, et que l'efficacité d'un vrai leader se confirme principalement dans sa capacité à se reproduire ou plus simplement à engendrer d'autres leaders.

En effet les grands leaders, c'est-à-dire ceux qui ont vraiment réussi à se surpasser et qui font partie du 1% de ceux qui atteignent le sommet de l'échelle du succès, ont tous un point commun : leur tâche la plus importante consiste à recruter de potentiels (leaders) en vue de la continuité de leur vision et de leur accomplissement.

Or, le secret pour vous entourer d'autres leaders consiste à découvrir les bonnes personnes, c'est-à-dire celles les plus susceptibles de devenir, grâce à votre formation et votre entraînement, les meilleurs leaders possibles.

> *Les grands leaders reproduisent d'autres leaders.*

C'est la raison ultime du leadership et de tout leader accompli. C'est d'ailleurs une loi. La première donnée à tout ce qui existe, celle de se reproduire. Dans le livre de la Genèse, la première loi que Dieu avait édictée à tout ce qui a existé était de croître, de se multiplier et de porter des fruits. Par ailleurs, il est écrit dans les Évangiles que tout arbre qui ne produit pas est destiné à être coupé et jeté au feu.

De même, tout vrai leader doit laisser sa pierre en contribuant à un meilleur monde que ce qu'il avait trouvé à sa naissance. C'est une loi divine à laquelle nul ne peut déroger. C'est notre devoir moral d'être fructueux et de servir la cause de l'humanité.

2) Les grands leaders se perpétuent

Voici, pour illustrer notre approche, un exemple précis :

Il y a quelque temps, le Dr Myles Munroe, qui fut l'un de mes meilleurs mentors, m'avait raconté une effarante expérience qu'il avait faite en Afrique du Sud et qui fut pour lui l'objet d'une compréhension cruciale sur l'efficacité du leadership et de la loi de la continuité.

Alors que des milliers de personnes se sont levées, remplissant le centre des congrès de la pittoresque ville sud-africaine de Bloemfontein, sous des applaudissements tonitruants un dimanche après-midi ; notre leader et père spirituel venait d'achever trois jours de sessions de formation motivante et inspirante avec l'une des plus grandes sociétés de distribution multi-niveaux sur le continent africain.

Son hôte, Charlie, le président de la compagnie, lui a embrassé avec une profonde reconnaissance en lui demandant :

_ « *Dr Munroe, aimeriez-vous passer quelques jours de plus ici, en Afrique, et faire une croisière safari ?* »

Il n'avait, me disait-il, aucune idée de ce que cela voulait dire, mais il était prêt à faire une pause et plus enthousiaste à vivre une nouvelle aventure.

_ *Bien sûr que si*, lui répondit-il avec empressement.

Ainsi commencèrent les vacances, parmi les plus mémorables, que notre mentor n'ait jamais vécues.

Le lendemain matin, un chauffeur est venu les chercher, sa femme et lui, à la marina où ils avaient embarqué sur un yacht de 40 pieds. À bord, un homme d'âge mûr et très agréable les a accueillis et s'est présenté comme leur capitaine et cuisinier.

Il n'y avait que Ruth, la femme du Dr Munroe, deux autres couples et notre mentor lui-même qui faisaient le voyage le long d'une rivière qui traversait cinq États d'Afrique australe, dont la Zambie, le Zimbabwe et l'Afrique du Sud, pour un safari de cinq jours dans un pays sauvage.

Dr Munroe se sentait excité en pensant à tout le National Geographic (un media spécialisé dans la production des documentaires scientifiques de diffusion à grande échelle). Des épisodes, me confiait-il, qu'il avait l'habitude de voir à la télévision. Il était sur le point de vivre une expérience similaire dans la réalité, tellement c'était vivant et captivant.

Après s'être installés, nos touristes ont commencé à remonter la rivière, étonnés par la beauté intacte de la nature et la forêt vierge remplie d'oiseaux, de reptiles et d'autres animaux dans leur habitat.

Le capitaine, perché sur son haut siège au-dessus de la cabine, a attiré l'attention sur les nombreuses espèces animales et végétales, les prévenant des dangers qui les entouraient et soulignant qu'ils ne devaient quitter le bateau sous aucun prétexte et à aucun moment du voyage. Le Dr Munroe disait que tout le décor l'excitait, c'est comme réveiller le gamin endormi en lui. C'était un rêve d'enfance devenu réalité.

Tout à coup, le Dr Munroe dit avoir entendu un bruit glacial venant de la brousse du côté droit de la rivière. Il ajoutait n'avoir jamais rien entendu de pareil. Les animaux en général et les oiseaux en particulier devinrent agités et commencèrent à bouger nerveusement, réagissant avec leurs propres sons.

Nos touristes commencèrent à éprouver de l'effroi ; ils étaient mal à l'aise et avaient demandé au capitaine, avec un air peu dérangé, quel était ce son affreux.

_ « *Ils vont tuer ce soir !* » A-t-il succinctement répondu.

Puis, il a expliqué que la sonorité provenait d'une fierté des lions qui s'organisaient pour la chasse. Dr Munroe disait que son cœur s'était mis soudainement à battre plus fort et plus vite et que les paumes de ses mains avaient transpiré quand il a senti l'adrénaline embraser son corps entier. C'était comme s'il voulait aller rejoindre les lions pour tuer avec eux.

Il a donc demandé au capitaine s'ils pouvaient observer l'action, ce dernier lui a répondu qu'il essaierait de positionner le bateau pour qu'ils puissent observer le drame de la nature en toute sécurité.

Maintenant, me racontait le Dr Munroe, « *l'enfant endormi en moi était vraiment éveillé !* » Pouvez-vous imaginer des sièges en première rangée pour assister à la tuerie par un lion ?

Le soleil était sur le point de se coucher, tandis qu'une famille d'éléphants qui furent évidemment la cible des lions émergeaient de la brousse. Ces géants du règne animal commencèrent à se lancer des « avertissements de trompette » en se déplaçant comme des tracteurs à travers les arbres et l'herbe, lesquels tombèrent comme des rameaux à leur passage.

LA LOI INCONTOURNABLE DE LA SUCCESSION

Comme des fantômes, les maîtres de la nature sauvage sont apparus de nulle part avec une force et un pouvoir majestueux qui gouverne le monde des animaux. Ce que nos randonneurs avaient l'habitude de voir dans des images fixes, des films et des documentaires télévisés était là dans la vraie vie, en temps réel, avec un vrai pouvoir, sur le point de prouver leur royauté.

Tout le monde à bord, caméras à la main, s'est concentré sur les lions et les éléphants. Mais Dr Munroe, quant à lui, a remarqué quelque chose d'une rare étrangeté – une lionne tenant deux petits dans sa bouche, les portant doucement jusqu' à un petit monticule, et les plaçant sous un arbre non loin de l'action.

Un par un, elle les mit en vue panoramique par rapport aux éléphants et du reste de la fierté léonine. La première réaction du Dr Munroe a été de se dire :

_ « *Que fait-elle ?* »

Elle les met en danger, les exposant à la force et à l'autorité de certaines des créatures les plus puissantes de la terre, pensait-il. Cependant, il était sur le point d'observer l'une des plus précieuses leçons qu'il aurait jamais apprises, en se posant la question suivante à haute voix au capitaine :

_ « *Pourquoi fait-elle cela ?* »

Le capitaine répondit tout doucement :

_ « *Elle veut s'assurer qu'ils voient tout.* »

Dr Munroe devint tout à coup confus. Au milieu de tout ce danger et du pouvoir de ces gigantesques animaux, pourquoi voudrait-elle s'assurer que ses petits les voient ?

Le capitaine, remarquant son désarroi, lui soulagea l'esprit abasourdi, lui montrant non seulement pourquoi le lion est le roi et le souverain du règne animal, mais aussi le secret de la longévité de l'héritage de leadership du roi des bêtes était dans cet acte de la lionne plaçant ces petits, tous douillets, ces lionceaux fragiles au haut du monticule sous l'arbre afin de minutieusement observer ces scènes habituelles.

Le but de cet acte, concluait-il, était d'enseigner aux petits les méthodes de chasse tout en leur permettant d'observer ceux qui maîtrisaient l'art. La lionne enseigne par l'exemple de même que les grands leaders transmettent leur héritage par l'exemple.

3) *Tout ce qui ne se reproduit pas meurt*

Au bout du compte, c'est la leçon que les dirigeants de l'humanité n'ont pas apprise voire même déconsidérée : la leçon du mentorat et l'art de préparer la relève. Les lions n'ont pas laissé au hasard la continuité de la suprématie de leur orgueil en matière de leadership, mais ils ont plutôt mis en œuvre un programme intentionnel, planifié et ciblé pour le transfert du pouvoir et des compétences à la prochaine génération de dirigeants.

Dr M. Munroe s'était assis là dans la brousse africaine en commençant par la solution à la plupart des défis de leadership de ce continent et du monde – encadrer et former intentionnellement les successeurs.

Il a pensé à tous les coups d'État, aux dictatures, aux luttes internes, aux soupçons et à la méfiance des dirigeants, en particulier, ceux dans les pays en développement. Il a vu sous l'arbre en haut du monticule la réponse aux gouvernements instables et aux économies brisées.

Là, en regardant fixement le visage, s'incarnait l'art de diriger, mais le moins pratiqué. C'est à partir de là, dans les étendues sauvages de ce grand continent, que la leçon du leadership a inspiré les recherches qui ont mené à la naissance de ce livre.

Le plus grand acte de leadership est le mentorat. Peu importe ce que vous pouvez apprendre, concevoir, accumuler ou accomplir, si tout cela meurt avec vous, vous êtes à ce moment-là un échec générationnel. L'acte et l'art du mentorat sont les manifestations du plus haut niveau de maturité et de confiance en soi.

L'esprit d'insécurité, la faible estime de soi, le manque de confiance en soi et la dévalorisation de soi vont toujours se concentrer sur la préservation et la protection de soi – une perspective qui vise la défensive dans la vie.

Cette pensée d'insécurité engendre l'attitude de peur, de suspicion et de méfiance. Ces mots décrivent l'état d'esprit des dirigeants au service de nos gouvernements, partis politiques, entreprises, ministères, organisations religieuses, églises, familles et organisations civiques.

Quand beaucoup de gens accèdent à des positions de pouvoir, d'influence, de notoriété et de célébrité dans notre société, parce qu'ils manquent de caractère et de maturité nécessaires pour gérer ce pouvoir efficacement, leur premier acte est de s'assurer de leur position, d'éteindre toute opposition et de mettre en place un mécanisme de défense que les autres n'oseraient pas violer.

Ils voient leurs collègues comme des ennemis et leurs partenaires comme des concurrents. Cela crée une atmosphère de schisme, de friction, de désarroi, de méfiance et de faible productivité.

Les personnes ayant une telle attitude envers le pouvoir et la position ne serviront jamais de mentor à d'autres personnes et verront la perspective du mentorat comme étant personnellement imprudente et menaçante pour leur propre survie.

Ce manque de volonté, de désir, de compréhension et d'intérêt pour le mentorat est la plus grande malédiction et la plus grande faiblesse de nos dirigeants du XXIe siècle. La majorité des dirigeants aux commandes de la machine politique, de l'empire économique et des structures sociales ou religieuses massives semblent tous être préoccupés par la protection de leur vie professionnelle et non celle de leur héritage générationnel.

4) *Vos impacts ne sont jamais négligeables*

Nous avons donc besoin de leaders qui pensent davantage à la génération et pas seulement au prochain poste dans l'organisation. Nous avons besoin de dirigeants qui se sentent avoir une dette envers l'avenir et qu'ils sont déterminés et disposés à la garantir en préparant intentionnellement les futurs intendants de notre monde. Nous avons besoin de leaders plus attachés à l'histoire qu'à l'argent. Nous avons besoin de leaders plus intéressés à investir dans les gens qu'à poursuivre une ambition privée.

La plus haute manifestation d'un vrai leadership est de trouver son remplaçant et de commencer à le conseiller. La vie est vraiment un relais générationnel où la génération précédente est responsable de passer le témoin (*le bâton*) en toute sécurité à la suivante avec toutes les connaissances, l'expérience et la sagesse demeurées intactes.

LA LOI INCONTOURNABLE DE LA SUCCESSION

Tous les dirigeants doivent s'efforcer d'accomplir leurs tâches, de poser des jalons, de réaliser des progrès majeurs et de réaliser la vision de leurs familles, entreprises, sociétés, ministères et nations.

Gardez toujours à l'esprit que vous êtes un maillon dans une longue chaîne de buts qui a été conçue pour parfaire le rêve du Divin Créateur. Ainsi, la vie n'est pas une question de vous, mais une préparation à l'étape suivante.

L'histoire est remplie d'événements tristes de grands leaders qui accomplissent des exploits sociaux, économiques, militaires, politiques ou spirituels exceptionnels et qui assistent au démantèlement de la plupart de ce qu'ils ont passé toute leur vie à travailler pour créer. C'est une véritable tragédie de voir l'œuvre d'une génération détruite, ignorée ou dévalorisée par la génération suivante.

Je suis persuadé que tous les leaders de l'histoire souhaitaient voir une vision, un travail, des programmes, des projets, une mission et une passion se poursuivre au-delà de leur mandat. Aucune génération ne veut que ses dirigeants durement engagés soient engloutis dans un tourbillon de négligences, d'insensibilités et de manque de reconnaissance pour le sacrifice consenti à cette réalisation.

Il nous faut agir à titre de mentor, car il n'existe pas de meilleure mesure de réussite en matière de leadership que la capacité à protéger, à préserver et à transférer les réalisations du leadership actuel à la prochaine génération. C'est là le cœur du principe de succession et doit être une priorité dans notre défi du XXIe siècle.

Ce livre parle de ce défi, et je vous invite à vous joindre à l'aventure et au voyage. J'espère que ce livre vous inspirera et vous équipera pour penser au-delà de votre propre leadership et vous motivera à laisser un héritage, non pas dans les institutions ou sur des pierres tombales, mais dans le cœur des gens. Souvenez-vous toujours que le succès dépend de vos successeurs !

5) En résumé :

- La tâche la plus importante du leader consiste à recruter de potentiels (leaders) en vue de la continuité de la vision et de son accomplissement.

- Les grands leaders transmettent leur héritage par l'exemple.

- Peu importe ce que vous pouvez apprendre, concevoir, accumuler ou accomplir, si tout cela meurt avec vous, vous êtes, à ce moment-là, un échec générationnel.

- Gardez toujours à l'esprit que vous êtes un maillon dans une longue chaîne de buts qui a été conçue pour parfaire le rêve Divin Créateur.

CHAPITRE 2

Le ralliement par la vision

(Le principe de la continuité)

1) Ce qui caractérise un leader efficace

Le leader véritable est celui qui porte une vision, celui qui développe un sens de ce qui pourrait être. C'est d'ailleurs ce qui le rend différent du reste des hommes. Celui-ci voit, à rebours de plus d'un, tout un monde de privilèges et d'opportunités. Rendre les gens meilleurs, c'est l'essence même de sa raison d'être. Son sentiment est qu'il peut atteindre positivement les gens, qu'il peut leur apporter quelque chose de bon ou de bien mieux que ce qu'ils ont dans le présent.

> **"** *Le leader est avant tout un visionnaire.* **"**

Cela va sans dire. Il peut imaginer un vaste public à un moment où en fait il n'y a personne. Pour atteindre son but, le leader a toujours une solution à proposer, il a toujours quelque chose à abandonner.

William Paley était un homme de cette trempe. Lorsqu'en 1928, alors seulement âgé de 27 ans, Paley avait repris CBS, cette société radiophonique ne possédait pas d'émetteur, elle perdait continuellement de l'argent et elle était tout à fait insignifiante dans un secteur totalement dominé par NBC. Dix ans plus tard, CBS comptait quatorze émetteurs et empochait près de 28 millions de dollars par année fiscale. Plus de quarante ans après, toujours sous l'égide de ce grand rêveur, CBS était devenu l'un des pôles en matière de radio et de télévision.

La vision est la première caractéristique du leader. Tout ce qui fait le leader se confine en sa faculté à percevoir l'avenir de façon claire et avec la plus grande assurance possible. Au regard de ce qui se passe, le dirigeant propose, agit et fait la prise en charge. Intéressé à ce qui se passe, il détermine ce que pourraient être les événements en cours ou imminents susceptibles d'être importants pour l'avenir de son organisation. Il trace une nouvelle orientation et canalise l'attention de tous ses suiveurs dans cette voie.

Cela est un principe universel du leadership, valable autant pour les pasteurs d'église, les chefs de police, les généraux de forces armées, les directeurs d'entreprises, les entraîneurs d'équipes sportives que pour tout chef d'État.

Tout cela parait certes, hyper simple de prime abord. Cependant, il y a un hic. Savoir comment les leaders savent ce qui est essentiel pour le futur de leur organisation, comment ils choisissent les nouvelles orientations et plus encore, comment ils abordent le facteur de la pérennisation de leur vision. Telles sont les véritables questions auxquelles il faudra répondre si nous voulons, ne serait-ce qu'effleurer le vif du sujet.

2) *La loi de l'interdépendance*

Tout d'abord, nous devons commencer par comprendre que Dieu a créé toutes choses avec le besoin d'être en relation. Nos yeux ont besoin de voir. Nos pieds ont besoin du sol pour se tenir. Par conséquent, il n'existe dans la réalité aucun être ou objet qui a été destiné pour survivre seul. De même qu'aucun homme ne peut vivre en autarcie, de la même manière aucune vision ne survit en dehors de la continuité, c'est-à-dire sans d'autres idées qui en constituent les accessoires ou tout simplement les appoints.

L'idée directrice, c'est que vous ne pouvez agir seul et réussir. Si vous voulez vraiment devenir un leader efficace, un dirigeant dont l'exemple est retenu dans les annales des grands hommes de l'humanité, vous devez susciter d'autres leaders autour de vous. C'est un principe, disions-nous tantôt, auquel aucun homme ne peut déroger.

Il vous faut donc constituer une équipe compacte, permettre aux autres de comprendre votre objectif et travailler avec eux en vue de sa plus parfaite réalisation. Le leader est certes le porteur de la vision, mais il a besoin de l'aide d'autres personnes pour permettre à la vision de croître, de s'étendre et de se réaliser.

C'est en somme dans le rôle du leader de partager la vision, de fournir l'énergie, l'initiative, la motivation et la passion nécessaires aux fins d'inspirer les autres à une noble cause pour le bien-être de tout un chacun. Le leader influence les autres à passer d'un présent connu à un futur brumeux ou peut-être même inconnu. Aussi, un leader qui ne peut pas rendre l'avenir de ses suiveurs mieux que son présent, ne peut pas diriger les gens. Or la vision en est le tremplin dans ce cas.

3) Comprendre la loi de la continuité

Tout passe par la compréhension de ce que la vision est un concept d'avenir. Une vision est plus qu'un simple rêve.

C'est une représentation ambitieuse de l'avenir, que tout le monde dans l'équipe et l'organisation peut imaginer et croire, qui peut être perpétuée de façon réaliste et qui propose un avenir bien meilleur que ce qui existe maintenant.

La vision relie le présent au futur. Elle établit un standard d'excellence et elle tend aussi à dynamiser les gens et à susciter leur sens d'engagement. Elle donne du sens au travail.

Avez-vous l'habitude de considérer le peu de gens qui vous entourent ou que vous côtoyez chaque jour ? Quelle influence avez-vous sur eux ?

Vous devez comprendre que les personnes les plus proches de vous ont le pouvoir de déterminer votre échec ou votre succès. Votre leadership sur les gens qui vous entourent avec qui vous vous avoisinez tous les jours aura un impact positif ou négatif selon votre capacité à les former et à réagir à leur approche. Cela dépend vraiment de votre habileté à discerner la valeur que les autres peuvent vous apporter. Ainsi, le but du leadership n'est pas d'attirer la foule, mais plutôt de former des leaders qui créeront le mouvement vers vous.

Il révèle donc de la responsabilité du leader de former ses potentiels successeurs, de les aider à effectuer les changements qui s'imposent afin d'atteindre l'objectif fixé. Car c'est dans l'ordre divin que des événements, des générations, des hommes et surtout des leaders se succèdent et se perpétuent.

Lorsque Moïse avait endossé la lourde responsabilité de conduire le peuple d'Israël hors de l'Égypte vers la Terre promise inconnue, n'était-ce la clairvoyance de Jethro, son beau-père, il aurait échoué pitoyablement. Et l'histoire n'aurait même pas retenu son nom dans les annales.

Au début, Moïse assurait seul le leadership de son organisation en se dispensant de toute marge d'erreur, de fatigue et d'échec. À cause de cela, il fut l'objet de multiples malentendus et de mauvais propos. Jethro, son beau-père, lui suggérait de trouver d'autres leaders, de les recruter et de les former afin qu'ils puissent l'épauler dans ses rudes tâches et coopérer avec lui dans ses décisions difficiles. Moïse suivit ce conseil et bientôt, d'autres leaders purent l'aider à effectuer un peu mieux son travail et à maintenir en vie la vision de guider ce peuple vers sa véritable destinée.

Autrement dit, pour choisir une orientation, tout dirigeant se doit principalement de faire une image mentale d'un état futur possible et souhaitable de l'organisation qu'il dirige. Cette image, que nous appelons « une vision », peut être aussi vague qu'un rêve ou aussi précise qu'un but à atteindre ou encore une mission à accomplir. Mais il ne faut jamais oublier qu'une vision porte toujours une situation future, qui n'existe pas encore et qui éventuellement n'a jamais existé auparavant.

En d'autres termes, avec une vision, le leader jette un pont entre le présent et l'avenir. Or, l'avenir est infini tandis que les jours du visionnaire sont comptés. Un autre hic de la question qu'il faut aborder.

4) *Le miracle de la vision partagée*

Au sein d'une organisation, les dirigeants doivent se montrer responsables des changements susceptibles de survenir dans le milieu du travail. Ils doivent servir de thermostats et non de thermomètres. De prime abord, on peut confondre ces deux instruments étant donné qu'ils servent tous les deux à indiquer la température ambiante. Néanmoins, ils sont tout à fait différents l'un de l'autre.

Un thermomètre a une fonction atone. Il enregistre la température ambiante sans prévoir de la modifier. Le thermostat, de son côté, joue un rôle plus dynamique. Il détermine non seulement ce que devait être la température environnante, mais également effectue les changements qui s'imposent à l'effet de créer un climat stable, immuable et durable.

Dans cet ordre d'idées, être un leader thermomètre ou thermostat dépend de votre attitude à rallier des gens à votre vision. L'attitude du leader, alliée à un climat positif dans l'organisation, tout cela encourage les gens à accomplir de grandes choses. De plus, être conséquent dans ses réalisations permet d'acquérir de l'enthousiasme. L'enthousiasme est souvent la seule différence qui existe entre un climat de croissance positif qui génère la réussite et un climat de croissance négatif qui produit l'échec.

Lorsque, par son attitude progressiste, le leader thermostat présente aux gens la vision de son organisation ; lorsque celle-ci a un sens clair de sa finalité, de son orientation et de la situation future visée, et quand cette image est amplement partagée, les gens seront en mesure de cerner leurs propres rôles tant dans l'organisation que dans la société dans son ensemble. Évidemment cela a pour effet de motiver les gens et de les conférer une position sociale parce qu'ils se considèreront comme des membres d'une entreprise valable.

Leur travail acquiert une certaine importance au fur et à mesure que leurs actes ne sont plus ceux d'automates suivant aveuglément des instructions, mais deviennent ceux d'êtres humains engagés délibérément et consciencieusement dans une aventure créative et réfléchie.

Une vision partagée de l'avenir permet de déterminer une mesure de l'efficacité pour l'organisation et pour toutes ses composantes. Cela aide les individus à distinguer ce qui est bon de ce qui est mauvais pour l'organisation, et à découvrir ce qui vaut la peine d'être envisagé et réalisé. Plus important encore, cela permet de répartir largement la prise de décisions. Les gens peuvent ainsi prendre des initiatives utiles et peut-être difficiles sans avoir chaque fois à se référer à des échelons supérieurs, parce qu'ils savent quels sont les résultats à obtenir en fin de compte. Ainsi, une vision partagée et mobilisatrice de l'avenir peut véritablement modeler, orienter et coordonner le comportement individuel.

Que ce soit dans le domaine des affaires, du sport, de la politique, de l'éducation, de la famille, de l'église ou de l'État, la responsabilité première et les tâches des dirigeants ne diffèrent fondamentalement en rien.

Ils doivent tous sélectionner les meilleurs candidats au sein de leur organisation. S'ils effectuent le bon choix, ils en retireront le plus normalement du monde de nombreux avantages qui semblent illimités. En revanche, s'ils font le mauvais choix, ils seront assaillis de problèmes et la situation leur apparaîtra sans issue.

Or, le critère pour faire le bon choix ne consiste pas à déceler les secrets de la Torah, mais à envisager deux petites choses toutes simples : premièrement, notre capacité à avoir une vision globale et secondement, notre capacité à juger les meilleurs candidats au cours du processus de sélection. Vous ne devez jamais oublier que les types de gens que vous ralliez à votre vision déterminent le succès de votre leadership.

5) *En résumé :*

- Le leader est avant tout un visionnaire.

- Dieu a créé toutes choses avec le besoin d'être en relation.

- Les personnes les plus proches de vous ont le pouvoir de déterminer votre échec ou votre succès.

- La responsabilité du leader, c'est de former des potentiels successeurs, de les aider à effectuer les changements qui s'imposent afin d'atteindre l'objectif fixé.

- Une vision partagée de l'avenir permet de déterminer une mesure de l'efficacité de l'organisation et de toutes ses composantes.

- Les types de gens que vous rallier à votre vision déterminent le succès ou l'échec de votre leadership.

CHAPITRE 3

La succession : couronnement du leader
(La plus grande réussite dans le leadership)

1) Nul n'est parfait

Comme tout ce qui existe dans la nature, tout leader a son point fort et son point faible. Cela va sans dire. Les leaders ne sont pas des anges. Ils peuvent avoir leur lot de défauts, leurs petits péchés mignons, leurs prédilections. Bref, chacun a ses travers, ses défaillances ou ses retranchements. Cependant, ce qui fait la faiblesse du leader n'est pas toujours et nécessairement un vice ou un péché, mais de préférence un obstacle qui pourrait l'empêcher d'atteindre l'apogée de son succès ou mieux encore, un besoin d'être assisté, épaulé et « *succédé* ».

Le sacrificateur Samuel, au moment de désigner un nouveau leader à la royauté d'Israël, avait jeté son dévolu sur des hommes de grande corpulence, de beaux atours et qui avaient une éducation familiale et militaire adéquate. Son côté aristocrate, celui de presque tous les hommes d'ailleurs, lui avait valu la réputation d'un homme matérialiste : « *Celui qui regarde à ce qui frappe les yeux.* »

À un certain moment de son existence, le prophète Élie avait prétendu être le seul homme honnête et loyal en Israël, marginalisant injustement les quarante autres contemporains intègres et qui n'avaient jamais fléchi les genoux devant Baal. Et même Jésus a connu dans son corps des moments de faiblesse. La chair, disait-il, est faible, c'est-à-dire déficiente, instable et fragile. Aussi, tentait-il de se dérober du but ultime de sa vie, disant : « *S'il plaît à mon Père d'éloigner de moi cette coupe.* »

Jean-Jacques Rousseau a eu, quant à lui, de sérieuses lacunes de confiance. Ce penseur du siècle des Lumières se méfiait de son entourage. Croyant toujours qu'un complot était ourdi contre lui et que les autres pourraient le diffamer délibérément, le philosophe avait préféré vivre dans la solitude en guise de truffer sa compagnie d'hypocrites que furent ces perfides relations. Les idées délirantes de ce grand érudit le rendaient tellement suspicieux qu'il mourut esseulé, abandonné et délaissé.

Socrate était constamment persuadé d'avoir autour de lui des « *daimons* » pour conseillers. Goethe déraisonnait avoir aperçu son double venant vers lui sur un cheval. Napoléon Bonaparte était toujours hanté par un « *petit bonhomme rouge* » qu'il voyait déambuler dans les couloirs des Tuileries et enfin Thomas A. Edison négligeait les soins de son corps au point de mourir bedonnant et sans assurance. Tout cela pour dire que tous les hommes, mêmes des leaders exceptionnels et des génies de grand calibre tels que nous les connaissons, ont un petit côté sombre et peuvent avoir à un moment donné de leur existence des réactions bizarres.

On énumère pour ainsi dire les plus grandes défaillances du leadership, et l'on a retenu au nombre de ses lacunes quatre des plus pontifiantes. Premièrement, ce qui constitue le plus grand échec du leader, c'est la succession infructueuse. Le fait que ses attentes en choisissant un successeur n'aient pas été comblées. Cela implique qu'il a royalement échoué et que tout ce qu'il a accompli au début risque de tomber à l'eau. En d'autres termes, il n'y a pas, selon lui, de continuité utile dans l'ordre de sa perspective ou de ses directives.

Deuxièmement, l'on a identifié la plus grande faiblesse du leader : celle du mentorat. Souvent le leader a besoin plus d'être approuvé dans ses moindres faits et gestes que d'être constamment repris par quelqu'un qui semble voir plus loin que lui. Or, le mentorat est une démarche d'accompagnement personnalisé (*d'un autre leader ou d'une équipe*) visant à lui permettre d'accéder au meilleur niveau de réussite et d'épanouissement possible. Le mentor est le meilleur allié du leader. Celui qui veille à sa réussite et assure qu'il l'obtient.

Troisièmement, l'on a pointé du doigt le plus grand défaut du leader : son sentiment d'insécurité. Généralement, personne n'aime que d'autre prenne sa place. Autrement dit, son appréhension d'être remplaçable alors qu'il se sentait encore capable de produire des résultats pendant dix mille ans constitue un affront majeur pour un dirigeant conservateur et dont l'ego est aussi vivant que méfiant.

En dernier lieu, l'on a relevé ce qui forme sa plus grande crainte : le succès de ses adeptes. Toujours sur cette même lancée, le leader développe une peur bleue au regard d'autres préposés ayant un semblant d'intelligence et qu'est apte à réussir là où il a échoué, et qui plus est, après avoir essayé à maintes reprises.

Tous ces facteurs sont loin de rendre le leader efficace et fier de lui. Et c'est justement ce qui rend le processus de la succession des plus ardues à accomplir. De ce fait, choisir un successeur n'est pas seulement le plus grand défi du leader, mais aussi sa plus grande faiblesse. Et pourtant, défi ou faiblesse, tout visionnaire se doit de créer un milieu sécurisé dans le lequel sa vision peut croître, évoluer et atteindre le « *summum* » de sa maturité ou de sa croissance.

La succession est nécessaire pour assurer la continuité et pour préserver l'avenir. Une succession parfaitement orchestrée et bien élaborée maintient votre « *vision vivante* » quand bien même vous auriez passé de l'autre côté. Autant dire que vous ne réussirez dans le domaine du leadership que si votre vision survit à votre départ. Car quiconque meurt avec sa vision, sans la transmettre à un autre afin d'assurer sa continuité, a emporté avec lui une très lourde défaite dans la tombe.

2) *La mesure du succès dans le leadership*

Le leadership, c'est avant tout avancer le nez au vent en ayant une telle connaissance de soi-même et une telle énergie que l'on donne envie aux autres de suivre. Ce qui revient à dire que la réussite de tout leader passe d'abord et avant tout par sa capacité à se laisser porter par des courants favorables. Il donne l'exemple de ce qui est nécessaire pour atteindre son plein potentiel et pour concrétiser la vision.

Les adeptes ne se réunissent pas à force d'encouragements ou de compliments. Ils suivent spontanément l'exemple de celui qui leur crayonne la route. Tant dans l'action qu'à travers l'expression, il faut pour diriger, savoir où l'on va soi-même : de ce qu'on a été à ce qu'on souhaite être ou devenir, en dépit des éventualités, et contre l'adversité consubstantielle aux idéaux.

Ainsi, vous n'aurez du succès dans votre rôle de leader que si vous développez l'aptitude à transmettre fidèlement vos idéaux aux autres. Personne ne peut diriger une foule en lui tournant le dos. Être un leader signifie, dans ce contexte précis, avoir un groupe bien déterminé à le suivre. Il n'y a pas de berger sans une bergerie ni d'orateur sans un public. Mais aussi, il faut croire que la préservation de la bergerie est une fonction du sens d'engagement endossé par le berger tout comme l'effervescence et la satiété du public sont déterminées par le charisme de l'orateur. En d'autres termes, vous mesurez votre succès dans le leadership par le nombre de personnes motivées à vous suivre et celles que vous laissez derrière vous pour accroître et proroger votre vision.

Dans le livre des Nombres, Josué voulait enjoindre son maître, Moïse, d'interdire à deux hommes, Eldad et Medad, de prophétiser. Parce que de son point de vue, aucune autre personne à part son souverain ne devrait avoir cette prérogative.

_ « *Moïse, mon seigneur, empêche-les !* » a-t-il martelé.

Mais Moïse, dorénavant plein de sagesse grâce au mentorat de son beau-père, n'en avait que faire : « *Es-tu jaloux pour moi ? Lui répondit-il. Puisse tout le peuple de l'Éternel être composé de prophètes ; et veuille l'Éternel mettre Son esprit sur eux !* »

Josué avait la bonne attitude d'accompagner son maître, mais de son coté, il n'a jamais institué un disciple pour le remplacer et, de cette façon, permettre à la vision de départ de cheminer vers son apogée. Josué jouait le rôle de protecteur aux côtés de Moïse, il craignait toujours que quelqu'un d'autre ne vienne pour éclipser ou rivaliser l'homme de Dieu et c'est pourquoi, même en ayant contribué amplement au succès de Moïse, il n'a pas réussi à le succéder efficacement. Il est donc décrit dans l'histoire comme étant le modèle parfait de successeur et un très mauvais prédécesseur.

3) *La succession est une nécessité*

Il faut avant tout reconnaître qu'être serviteur de Moïse, formé et préparé à prendre siège pour assurer la continuité de ses travaux n'était pas chose facile, surtout dans le contexte social, contemporain et générationnel que Josué évoluait. À noter que Moïse avait été reconnu comme étant un authentique serviteur de Dieu, tandis que pour sa part, Josué avait été institué et reconnu pour être le plus fidèle serviteur de Moïse. Celui qui le soutenait avec verve et loyauté.

Ainsi diffère-t-on par la même occasion, celui qui dirige de celui qui est préposé à assurer la continuité. Cela signifie précisément qu'un leader qui a un suppléant potentiel ne veut pas dire deux leaders. Un royaume ne peut être régenté que par un roi et un seul. Dans une église tout comme dans toute autre institution, il ne peut y avoir deux dirigeants qui administrent au même titre. Cela créerait pas mal de malentendus et une insubordination à outrance.

> *Il faut donc de l'humilité pour servir les autres*

Il faut donc de l'humilité pour servir les autres, savoir garder un profil bas par rapport au leader auprès duquel on est appelé à fournir ses services. Car, on le sait, un pasteur ne vit pas encore dans un corps glorieux, il a ses points forts tout comme il a ses faiblesses. Et c'est peut-être la faiblesse du leader qui justifie ton ministère et qui cristallise l'appel de Dieu sur ta vie auprès de lui. Qui sait ?

Donc, il est fondamentalement important de supporter ton pasteur, ton père spirituel ou ton mentor avec un cœur sincère, pour ta qualification vers un niveau de grâce et de gloire avec le Seigneur. Nous devons nous rappeler que nous servons Dieu et Lui offrons un culte raisonnable quand nous servons notre pasteur avec révérence et loyauté, sans tenir compte de ses faiblesses ou des mauvaises langues.

LA LOI INCONTOURNABLE DE LA SUCCESSION

4) L'obligation du leadership

Depuis le début de cet ouvrage, nous ne cessons de revenir avec constance sur le fait que la plus grande obligation d'un véritable leadership est de transférer. Cette accentuation est due d'abord au fait que c'est l'unique moyen pour le leader de s'introniser au créneau de son succès et parce qu'ensuite, le transfert de la vision est le meilleur moyen de l'étendre et la maintenir en vie.

Nous lisons dans l'Ancien Testament qu'Élie, le prophète, allant non pas vers ses pères, mais vers son Père, accompagné de son serviteur Elysée, disait à celui-ci : « Si tu me vois monter … ». C'est comme s'il voulait dire : avoir le manteau ne suffit pas, tu dois avoir tes yeux rivés sur ma personne jusqu'à ce le Seigneur m'enlève. Et Elysée s'est écrié : « *Mon père! Mon père! Char d'Israël et sa cavalerie! Et il ne le vit plus.* » (**2 Rois 2:12**).

Apprécions la manière dont le successeur traitait l'homme de Dieu, laquelle dépasse les civilités habituelles. Parfois la culture de la bienséance ministérielle peut provoquer une onction en ta faveur. Notons _ et c'est important de le faire _ que le transfert se fait dans la fixation et la constance du potentiel *"prédécesseur"*. Tout se fait dans le Royaume dans le plus grand protocole, et non pas de n'importe quelle façon.

Le mentorat a tout à voir avec la prise en charge de personnes dans la zone que d'autres ne sauraient oser chercher. Encouragez-les à aimer ce que vous aimez et à développer de la passion pour ce que vous faites, certaines personnes autour de vous étant susceptibles d'aimer la mauvaise substance, c'est-à-dire le titre qui vous confère le pouvoir. Car c'est un danger qu'une personne aime non pas ce que vous faites mais le droit par lequel que vous le faites sans vouloir d'en payer le prix.

5) *Le but ultime du leadership*

Le vrai leader est toujours conscient que sa position est temporaire et que son objectif est la réussite du passage du pouvoir à d'autres. Les leaders ne clonent pas les autres à leur image, mais désirent aider les autres à se découvrir et à déployer leurs capacités. Le plus grand investissement que l'on puisse faire dans le leadership se trouve dans les gens. Chaque position est un piège dont il faut penser à se défaire quand le bon moment est venu.

Le leadership se trouve au-delà de vous-même. Le vrai leadership n'est jamais donné à une génération. Le leadership qui ne sert que sa génération est voué à l'échec. Car Dieu est un Dieu générationnel. Souvent, nous pensons que nous pouvons être le seul à terminer ce que nous avons commencé. Pourtant, Dieu promet à Abraham une terre luxuriante, mais Abraham n'est pas celui qui la reçoit. Si notre vision meurt avec nous, nous sommes un échec lamentable.

Ainsi la mesure du vrai leadership, le but ultime du leadership n'est pas de maintenir des adeptes, mais de produire des leaders. Le vrai leadership mesure son succès en diminuant le facteur de dépendance de ses adeptes.

Jesus disait à ses disciples : « *Combien de temps dois-je être encore avec vous ?* » (**Matthieu 17:17**), voulant ainsi dire que son départ faciliterait leur dépendance injustifiée, mais qu'ils ne sont pas prêts à assumer leurs fonctions étant donné leur langueur d'esprit et leur incrédulité. Jésus était impatient de voir ses disciples exceller dans leur leadership. Pour lui, le but suprême du vrai leadership était la capacité de quitter. Le vrai leader devient de plus en plus « inutile » tandis que ses disciples sont prêts à se positionner pour prendre le relais et continuer la vision.

6) *Les secrets de la succession dans le leadership*

Le vrai leadership consiste à partager le pouvoir. Cette capacité a tout à voir avec le sentiment de sécurité. Le vrai leadership ne cherche pas le pouvoir, mais cherche plutôt à le transmettre en vue d'une fructueuse et longue continuité. La priorité du vrai leadership est de préparer son remplaçant. Le vrai leadership ne se contente pas de saisir une vision de l'avenir, mais de prodiguer une vision pour les futurs dirigeants.

7) *La succession conserve le succès*

Il est difficile, et peut-être même quasiment impossible, si vous êtes né avant les années 90, d'oublier cette alarme du dimanche prodiguée par le biais des ondes de la radio Lumière toutes les huit heures du matin. Personne en effet, ayant vécu dans cette tranche d'âge et ayant l'habitude de fréquenter le milieu évangélique, ne peut omettre cette belle voix pleine de charisme qui retentissait et disait tous les dimanches matin : « *Église Baptiste des Cités, sur la route de Delmas, à Port-au-Prince, est maintenant dans l'air…* »

Personne à l'époque ne pouvait ignorer le pasteur Nérée. Homme de Dieu plein de talents et très prisé dans l'entourage évangélique. Et pourtant, après sa mort, notre très cher regretté pasteur n'a laissé aucun successeur (*légalement désigné par lui et/ou accepté par ses fidèles*) pour poursuivre son ministère qui était une vraie bénédiction pour les Haïtiens, en général et les chrétiens de Delmas, en particulier.

Vous devez comprendre que votre vision s'étend bien au-delà de votre vie. Personne ne peut vivre assez longtemps pour réaliser une vision. Une vision, c'est comme une course vers la perfection. Elle n'a pas une ligne d'arrivée. Le leadership est toujours transitoire tandis que la vision est générationnelle sur le long terme. Ce qui veut dire que votre prochaine phase peut nécessiter un déménagement ou plutôt un changement dans votre mode de vie. Car le but ultime du vrai leadership est de produire des leaders qui ne maintiennent pas les adeptes.

C'est une tragédie que de passer toute votre vie à construire quelque chose d'envergure et de grande importance pour ensuite laisser à quelqu'un qui n'a pas la même passion que vous le loisir de la détruire. Il aurait été plus avantageux que vous n'ayez rien entrepris.

La dynamique du leadership est comme une course à relais, il faudra un jour ou l'autre passer le bâton au prochain coureur en temps réel et sans distraction pour assurer la pérennité de la vision. Il y a une dimension importante dans la conservation du succès par la succession, et c'est la confiance que vous devez investir dans le prochain remplaçant.

C'était le cas de Jésus. Il pouvait choisir d'autres personnes à la place des douze. Il en avait d'ailleurs l'occasion et la liberté de le faire. À sa place, vous l'auriez sans doute fait. Malgré leur abandon spontané lors de son arrestation, en dépit de leur reniement, Jésus a entretenu la constance de son équipe. Sitôt ressuscité, il les a tous ressemblés en en vue de leur prodiguer ses dernières instructions et une grande conviction concernant leurs missions respectives. Aujourd'hui, grâce à ces hommes, un certain nombre de régions dans le monde ont expérimenté l'évangile de Dieu. Il a transféré la vision, les a contaminés dans le vrai sens du terme.

C'est pourquoi il est écrit en Actes 17 au verset 6 : « *Ces gens qui ont bouleversé le monde sont aussi venus ici ...* » L'évangile est en train de connaître de grands succès par la succession que Jésus avait lui-même établie avant de retourner à son Père. On n'en a pas de meilleur exemple pour montrer qu'effectivement la succession assure le succès du leadership.

8) En résumé :

- La succession est nécessaire pour assurer la continuité et pour préserver l'avenir.

- Les adeptes ne se réunissent pas à force d'encouragements ou de compliments. Ils suivent spontanément l'exemple de celui qui leur crayonne la route.

- Un leader qui a un suppléant potentiel ne veut pas dire deux leaders.

- Le transfert de la vision est le meilleur moyen de l'étendre et de la maintenir en vie.

- Le plus grand investissement que l'on puisse faire dans le leadership réside dans les gens.

- Le but ultime du leadership n'est pas de maintenir des adeptes, mais de produire des leaders.

- Une vision, c'est comme une course vers la perfection. Elle n'a pas une ligne d'arrivée.

- Le leadership est toujours transitoire tandis que la vision est générationnelle sur le long terme.

CHAPITRE 4

Le processus de la succession

(Les critères de base pour désigner un successeur)

Nous avons vu plus haut que le rôle prépondérant du leader consiste à mettre en évidence les qualités de ceux qu'il conduit. En d'autres termes, un vrai leader motive ses suiveurs à trouver ce qu'il y a de mieux en eux. Ce qui veut dire que le vrai leader passe pour maître dans l'art subtil de convaincre les gens que ce qui est bon pour lui l'est également pour eux.

Par conséquent, le travail qu'opère le leader ne doit pas être à moitié. Il doit être complet. Il est comme celui qui tient les gens par la main pour les conduire, un pas à la fois, vers l'accomplissement de quelque chose de plus grand que lui. C'est une tâche à la fois noble et difficile que d'être un leader. Pourtant, c'est une mission qui requiert le sacrifice de soi, de la patience, de l'engagement, de la bonne attitude et enfin de la réussite ou sinon ce dernier aura l'impression de n'avoir pas servi à grand-chose.

Ce chapitre consacré au processus de la désignation d'un successeur décrit en quelques points certaines qualités requises par un suiveur loyal et talentueux pour devenir leader et successeur de son maître. Que ce soit bien clair : ce livre, autant que ce chapitre d'ailleurs, n'est pas une encyclopédie du leadership. Nous offrons uniquement dans ce chapitre quelques idées et une liste restreinte à même d'aider le leader à bien faire le choix de son succès en désignant lui-même son successeur.

1) Avez-vous identifié le prétendant idéal ?

Tout d'abord, ce qu'il faut que vous compreniez consiste à savoir que tout ce dont vous avez besoin se trouve à votre portée. Il y a un principe qui stipule :

> **❝** *Ce que tu cherches te cherche.* **❞**

Ce qui implique aussi que, comme tout ce dont vous avez besoin, celui que vous recherchez se trouve à votre disposition et à votre portée et qu'il n'est point nécessaire de chercher bien loin ce qui se trouve à votre chevet.

Ce qui signifie que votre successeur se trouve forcément au nombre de vos suiveurs et qu'il vous sert autant que vous serviez les autres. Cependant, toute la question consiste à bien savoir et discerner les qualités requises que l'on recherche chez quelqu'un. Car bien avant de se mettre à prospecter un successeur, il faut connaître et bien définir pour vous-même ce qui caractérise le remplaçant idéal. Savoir ce qui le rend normalement le mieux qualifié pour vous substituer et à même de continuer et parfaire votre travail.

2) Un successeur de caractère

Le caractère est, à mon avis, la qualité la plus emphatique pour un leader en devenir. Un homme de piètre caractère ne devrait jamais être considéré dans le choix minutieux d'un successeur digne. Car à la longue, le caractère d'un homme s'avèrera à chaque fois la pierre angulaire à la base de l'efficacité de son leadership et de son succès.

Cependant, il faut éviter de confondre le manque de caractère et la faiblesse de caractère. À un niveau ou à un autre, nous avons tous une faiblesse de caractère. La formation et l'expérience peuvent venir à bout de cette lacune. Il est certes vrai que le hiatus de caractère ne se corrige pas du jour au lendemain, mais avec le temps c'est un vide qui peut être parfaitement comblé. Suffit-il pour cela de savoir ce qu'il faut faire et d'avoir le courage de faire ce qu'il faut.

Vous pouvez beaucoup apprendre du caractère de votre potentielle doublure en considérant ses relations avec les autres. En tenant compte de la façon dont il traite avec les gens.

3) *Le facteur de l'influence*

Toute personne ayant dans leurs veines les gènes de leader influence. Cette caractéristique, consubstantielle à leur nature, consiste à savoir de façon claire où l'on va et la capacité à persuader d'autres personnes de nous épauler et de nous suivre. Conséquemment, pour choisir le bon successeur, le leader doit être en mesure d'évaluer le degré d'influence de celui-ci.

Mais attention ! L'influence en elle-même n'est pas suffisante. Il faut en déterminer la qualité. C'est-à-dire d'où lui provient cette influence, sur qui il l'exerce et quel impact celle-ci a sur les autres. Car, comme la plupart de ceux qui vous suivent, les gens qui vont vouloir suivre votre successeur doivent être certains qu'ils appuient un leader qui sait bien ce qu'il fait.

4) *Votre attitude est déterminante*

J'ai dit souvent à ceux que j'enseigne les Saintes Écritures que votre attitude détermine votre altitude. Il se trouve que cette vérité soit imposante à tous les niveaux et points de vue, et particulièrement dans le domaine et du leadership. Avoir une attitude positive et constructive est un bon atout sinon le plus important dans le processus de la réussite de tout vrai leader.

L'homme qui a pour habitude d'appréhender la vie de manière totalement positive, est celui dont le potentiel se révélera immanquablement illimité. La raison est simple : l'homme à l'attitude positive, contrairement aux autres, n'accepte pas les défis ni les intimidations normales de la vie. Il cherche toujours à se surpasser et à aller jusqu'au bout de son potentiel, ou du potentiel de son produit, avant d'accepter l'échec.

Les gens qui ont la bonne attitude seront toujours en mesure d'atteindre le sommet que les autres ne peuvent et ne pourront jamais atteindre. Ils feront des choses que les autres ne pourront jamais faire. Parce que simplement ils ne s'imposent aucune limite.

5) *Développez les relations interpersonnelles appropriées*

Un homme qui ne développe aucune qualité interpersonnelle n'a pas l'étoffe d'un leader. Il y a un principe qui veut que l'on n'attire pas les mouches avec du vinaigre, et ce principe s'applique en divers domaines notamment au leadership. Autrement dit, si vous ne possédez aucune qualité interpersonnelle personne ne voudra vous suivre.

Cela dit, vous ne pourrez réussir en tant leader à moins de pourvoir à cette qualité humaine essentielle : celle d'être en mesure d'amener les autres à vous croire et à vous suivre. Une personne peut avoir tout le talent et toute l'habileté du monde, s'il ne cultive pas les relations interpersonnelles adéquates, elle peut attirer pour un temps seulement l'admiration mais jamais le cœur des gens.

LA LOI INCONTOURNABLE DE LA SUCCESSION

Les gens aiment qu'on les comprenne, qu'on s'intéresse vraiment à eux. Elles aiment l'attention, qu'on se préoccupe d'eux. Or de telles qualités ne se retrouvent pas toujours chez des gens talentueux, mais toujours chez des personnes possédant d'excellentes qualités interpersonnelles. La relation humaine est toujours réciproque. Lorsqu'on se concentre sur les autres, les autres se concentrent également sur nous. Cela n'est point un secret pour un vrai leader.

6) Développez la confiance

La confiance est le lubrifiant qui permet aux organisations de fonctionner. Il est inimaginable de se représenter une organisation sans un semblant de confiance se manifestant quelque part, d'une quelconque manière. Tout cela pour dire qu'une organisation sans confiance est plus qu'une anomalie, ce n'est tout simplement plus une organisation, mais une sombre créature issue imagination d'une déraisonnable.

La confiance implique la responsabilité, la constance et la fiabilité. La confiance est le ciment qui durcit l'intégrité de toute organisation.

Tout comme le leadership, la confiance est difficile à décrire, et encore plus à définir. Cependant on sait que quand elle est là les résultats se suivent aussi sûr que le jour se lève. Ce facteur permet d'établir la différence entre sa présence et son absence dans toute entreprise.

Maintenant la question se pose : à qui faire confiance ? On ne peut avoir confiance en autrui à moins d'avoir confiance en soi-même. D'où le dilemme. Le succès du leader passe d'abord par lui-même.

Cette confiance dont nous sommes en train de parler est tridimensionnelle : On a confiance en soi-même, on fait confiance aux autres et inversement.

La raison en est que les gens ne suivront pas un leader qui n'a pas confiance en lui-même. En fait les gens sont aimantés par celui qui inspire confiance. La confiance est l'une des caractéristiques d'une attitude positive. Les plus grands dirigeants restent toujours en confiance peu importe les circonstances advenant sur leur route.

Il ne suffit pas de faire étalage. La confiance, ce n'est pas quelque chose qui n'est pas démontrable au point d'exiger toute une série de gestes et de mots inutiles. La confiance procure le pouvoir. C'est une vertu dont les résultats sont probants. Un bon leader a la capacité d'inspirer la confiance des gens. Un grand leader, lui, a la capacité d'insuffler la confiance des gens en eux-mêmes. Et cela fait une très large différence.

7) *Aptitudes à communiquer efficacement*

La communication est à peu près ce que nous faisons le plus la plupart du temps. C'est sans conteste l'activité qui occupe le plus notre journée. Que nous ayons les meilleures relations interpersonnelles ou non, que nous travaillions dans une manufacture ou dans un cabinet d'avocats, nous rencontrons un certain nombre de gens auxquels nous sommes forcés de répondre ou de poser des questions.

Tout le problème à présent consiste à savoir quelle importante nous accordons à ce que nous faisons le plus dans la journée et comment nous nous y prenons.

LA LOI INCONTOURNABLE DE LA SUCCESSION

Le succès de tout leader passe par sa capacité à comprendre et se faire comprendre. Or le meilleur moyen dans ce cas est la communication efficace. Le président Gerald Ford a dit un jour que rien n'est plus important dans la vie que de communiquer de façon efficace. Il ne s'agit pas de parler beaucoup, d'utiliser de gros mots ou de vocables soutenus, mais plutôt de l'aptitude à communiquer en vue de faire passer efficacement l'objectif et demander aux autres collaborateurs de s'y mettre à fond en vue de la satisfaction commune. Un leader ne se réalisera jamais à moins d'être en mesure de communiquer efficacement avec les autres.

8) *Prêchez par l'exemple*

Quelqu'un a dit et je cite : « Les gens ne feront jamais ce que vous leur dites de faire, mais ils reproduiront parfaitement et à coup sûr ce qu'ils vous voient faire. » C'est une bien triste réalité, mais aussi une vérité autant applicable aux enfants qu'aux adultes.

Tout le monde se dit que la charité bien ordonnée commence par soi-même. C'est à mon avis de l'immoralité que de demander à un autre de faire ce que vous n'avez ni l'habitude, ni le courage, ni la décence d'essayer, voire de faire vous-même.

Lorsque vous guidez les autres, il est crucial que vous soyez ce que vous enseignez et exigez. Il est certes irrécusable que ce vous vous enseignez, c'est ce que vous savez et que ce que vous projetez, c'est ce que vous êtes au fond de vous, mais assurez-vous que ce vous savez soit aussi ce que vous êtes. Assurez-vous d'être façonné par ce que vous savez. Car exhorter les gens à faire le bien est une chose, mais faire le bien en est une autre.

C'est pourquoi, le plus précieux cadeau que vous puissiez offrir à votre successeur est l'exemple d'une approche claire, concise, cohérente et disciplinée. Il est extrêmement important que votre remplaçant soit le témoin de vos manœuvres exemplaires et de votre sens du devoir. Ce qu'il aura appris et acquis de vous lui sera au plus haut point profitable dans les tumultes de sa mission et de son succès.

9) En résumé :

- Celui que vous recherchez se trouve à votre disposition et à votre portée.

- Le caractère d'un homme s'avèrera à chaque fois la pierre angulaire à la base de l'efficacité de son leadership et de son succès.

-L'influence est une caractéristique consubstantielle à la nature de tout vrai leader.

Avoir une attitude positive et constructive est un bon atout, sinon le plus important dans le processus de la réussite de tout vrai leader.

Une personne peut avoir tout le talent et toute l'habileté du monde, s'il ne cultive pas les relations interpersonnelles adéquates, elle ne peut attirer que pour un temps l'admiration mais jamais le cœur des gens.

La confiance est le ciment qui durcit l'intégrité de toute organisation.

Les plus grands dirigeants restent toujours en confiance peu importe les circonstances advenant sur leur route.

Le succès de tout leader passe par sa capacité à comprendre et se faire comprendre.

Le plus précieux cadeau que vous puissiez offrir à votre successeur est l'exemple d'une approche claire, concise, cohérente et disciplinée.

CHAPITRE 5

Au service de son prédécesseur

(Apprendre les ficelles du métier)

1) La loi de la progression

Le Royaume de Dieu, par tout ce qu'il a de plus normal à notre compréhension, est défini par sa culture, sa politique, sa philosophie, son système de valeurs et son mode de pensée, contrairement aux grands courants philosophiques et le système de pensée du monde. Dans le sens de la destinée, on ne peut véritablement parler d'accomplissement de destinée sans établir des objectifs clairs, concis et précis

Le sens profond de ce qui est important, le sens profond de désir et d'engagement, c'est ce que vous nourrissez en votre esprit, ce qui vous tient à cœur. Vous vous réveillez en sursautant, des images et des idées relatives vous viennent en tête. Vous êtes devenus obsédés.

C'est de l'énergie contagieuse, ce qui signifie que les gens nous suivent parce que nous leur inspirons confiance et détermination vers l'atteinte du but. L'unité d'une entreprise (vision) individuelle à travers un impact positif sur les suiveurs pour une cause transgénérationnelle importante.

2) La loi du service

Aucun homme n'est devenu grand sans avoir connu l'adversité et l'opposition. Les meilleurs professeurs d'université étaient des élèves appliqués et qui ont su contre vents et marées faire la différence en milieu souvent défavorable. Cela dit, le successeur idéal est celui qui s'applique patiemment, intègrement, humblement et consciencieusement.

Lorsque David était appelé à succéder à Saül, il n'y avait de meilleure université que son enrôlement au service du roi en dépit de la jalousie de ce dernier l'incitant en de maintes occasions à porter atteinte à la vie de son propre serviteur. Samuel était élevé aux mains d'Éli, Elisée suivait Élie partout où il allait et Jean appuyait toujours sa tête contre la poitrine de Jesus.

Dans « *Wisdom keys* », Dr Mike Murdock disait à son auditoire d'investir dans un mentor exceptionnel. Qu'est-ce à dire ? Le mentorat, c'est un système qui consiste à servir de modèle, de conseiller, de guide, de tuteur et d'exemple pour quelqu'un d'autre dans le but de produire un plus grand que soi-même. Le mentorat est un procédé en matière de leadership qui entend transférer de manière intentionnelle le savoir, la perspicacité, la sagesse à travers une relation expérimentale pratique avec son potentiel successeur.

Investir dans un mentor exceptionnel, c'est le servir sans arrière-pensée et sans remettre en question ses approches même si à l'évidence, elles paraîtraient délirantes ou incohérentes. Vous investissez dans un mentor lorsque vous le servez avec honneur et un cœur sincère.

Saül manquait de discernement. Il était cruellement jaloux et constamment envieux du succès de son serviteur, David, au point d'en vouloir à sa vie. Les mauvais desseins de Saül à l'égard de David, obligea ce dernier à prendre la poudre d'escampette et à vivre en marge des gens de sa maison et de sa patrie. David pourtant n'en avait que faire des agissements et de l'attitude de son roi : « Je ne porterai pas ma main contre un oint de Dieu. » A-t-il dit lorsque les serviteurs et alliés de David lui demandèrent de mettre un terme à la vie de Saül qu'il trouva endormi dans une caverne.

Éli était irresponsable et négligent vis s vis de ses fils perfides. Samuel continua à le servir et ne mettra jamais en question ce qu'il lui demanda de faire.

Jésus, dans un franc entretien avec Ses disciples, dit : « *Il vous est avantageux que je m'en aille…* » Pour paraphraser un peu, c'est comme s'Il voulait dire en filigrane, si je me rends vers mon Père, il vous sera difficile de vous manifester plus grandiosement que moi, comme je vous l'ai promis: « Vous ferez de plus grandes choses. »

3) *Les trois phases de la vie d'un leader*

a) Dépendance - besoin de mentorat

Le mentorat est la manifestation du plus haut niveau de maturité et de confiance de soi en matière de leadership. Si ce que vous apprenez, achevez, accumulez et accomplissez meurt en même temps que vous, vous êtes un « Echec Générationnel. » Le premier acte d'un leader authentique consiste à identifier son remplacement et à s'engager à jouer le rôle de Mentor auprès de lui.

b) Indépendance - maturité de l'expression de soi et de l'identité individuelle.

La Bible dit qu'à la mort du roi Ozias, le Seigneur S'est révélé à Ésaïe. Il a fallu la disparition d'un homme, du patron, pour que la vraie identité du prophète soit extériorisée. C'est comme si de sa belle mort, le monarque pouvait dire: « Il t'est avantageux que je meure » pour que ta dimension sacerdotale, ton ministère prophétique soit mis en place. Et il fut devenu un écrivain inspiré de Dieu, et le monde entier parle aujourd'hui du prophète grâce à ses écrits.

c) Interdépendance - Contribution au développement continu (ou à la reproduction) de l'espèce

Les grands leaders attachent les gens à la vision et non à leur personnalité. Selon eux la vision est plus importante que le visionnaire. Vous deviendrez grand en reproduisant des gens plus grands que vous. Le leadership ne se mesure pas par la quantité de personnes qui vous ont servi, mais par le nombre de gens que vous servez ou que vous avez servi (votre influence positive sur eux).

Il est écrit en Jean 14: « *Celui qui croit en moi fera aussi les œuvres que je fais, et il en fera de plus grandes, parce que je m'en vais au Père.* »

Prenons un exemple: Dieu a permis que Pierre, celui qui se dérobait à plusieurs reprises de sa conviction et de son appartenance au Christ, guérisse beaucoup de maladies à partir de son ombre, Jésus ne l'avait pas fait. Mais il fallait que le Seigneur Se déplace pour que le vrai potentiel de Pierre soit exhibé.

4) Il y a un prix à payer

Matthieu 20 : 20 - 24

« *Alors la mère des fils de Zébédée s'approcha de Jésus avec ses fils, et se prosterna, pour lui faire une demande. Il lui dit: Que veux-tu ? Ordonne, lui dit-elle, que mes deux fils, que voici, soient assis, dans ton royaume, l'un à ta droite et l'autre à ta gauche. Jésus répondit : Vous ne savez ce que vous demandez. Pouvez-vous boire la coupe que je dois boire ? Nous le pouvons, dirent-ils.*

Et il leur répondit : Il est vrai que vous boirez ma coupe ; mais pour ce qui est d'être assis à ma droite et à ma gauche, cela ne dépend pas de moi, et ne sera donné qu'à ceux à qui mon Père l'a réservé. Les dix, ayant entendu cela, furent indignés contre les deux frères. »

Les deux frères Zébédée avaient pensé que ces deux positions étaient les seules places disponibles dans le gouvernement ; tandis que chaque position est importante dans le Royaume de Dieu. David a dit: « *C'est un honneur d'être un gardien de porte dans la maison de Dieu.* »

> **" *La seule position de leadership qui vous appartient est celle à laquelle vous avez été assigné.* "**

C'est pourquoi il y a toutes ces églises situées à chaque coin de rue qui fonctionnent en dehors de leur vraie position (leur mission réelle), n'ayant aucune idée de ce qu'elles détiennent en termes de responsabilité, elles se battent les unes contre les autres dans de futiles compétitions qui n'aboutissent à aucun résultat ; si ce n'est le constat criant de l'affaiblissement de l'institution, par ce comportement égoïste. Certaines d'entre elles n'ont jamais été envoyées.

Dans le Royaume, chaque citoyen est un gouverneur, un seigneur de propriétés, un leader-serviteur. Aussi, seul le service justifie la qualité de notre leadership. Alors Dieu prépare chaque citoyen à une position de leadership. Les tests nous arrivent en préparation à notre appel pour un poste choisi.

À noter que Jésus n'avait jamais découragé les deux frères à vouloir être grands. D'ailleurs, il surenchérit : « *Si quelqu'un veut être grand ...* » Il encourage notre désir d'être GRAND. Mais nous devons être d'abord serviteurs de tous et conséquemment, nous serons grands.

Il leur montra comment entrer dans la grandeur et il a garanti une position de grandeur en leur faisant savoir que le PÈRE a déjà préparé une position pour chaque citoyen de Son Royaume.

Nous devons apprendre à nous exercer dans notre position de grandeur, en gardant clair à l'esprit que nous avons, à nous tous, notre coupe à boire un jour ou l'autre.

Personne ne pouvait imaginer comment Aaron et Mariam ont dû se sentir quand Josué a obtenu le poste de successeur de Moïse. Myriam a pris soin de Moïse et l'a sauvé du Nil dangereux d'Égypte et de l'édit destructeur du Pharaon. Aussi, le ministère prophétique d'Aaron a été justifié par le déficit de langage de son petit frère, et a joué pleinement sa mission auprès de l'homme de Dieu. Mais cette position de successeur a été préparée pour Josué et il a dû boire la coupe qu'Aaron et Mariam ont versée pour lui.

Notons la réaction des autres disciples face à la demande refusée : Matthieu 20: 24-28 (LSG)

« *Les dix, ayant entendu cela, furent indignés contre les deux frères. Jésus les appela, et dit : Vous savez que les chefs des nations les tyrannisent, et que les grands les asservissent. Il n'en sera pas de même au milieu de vous. Mais quiconque veut être grand parmi vous, qu'il soit votre serviteur ; et celui qui veut être le premier parmi vous, qu'il soit votre esclave. C'est ainsi que le Fils de l'homme est venu, non pour être servi, mais pour servir et donner sa vie comme la rançon de plusieurs.* »

LA LOI INCONTOURNABLE DE LA SUCCESSION

Les autres étaient mécontents non pas parce que les fils de Zébédée avaient fait cette demande, mais parce qu'ils n'avaient pas pensé à demander avant.

Quel prix êtes-vous prêt à payer pour la position à laquelle Dieu vous a appelé dans le leadership ? Les apôtres ont bu de la coupe. Le Seigneur à plusieurs reprises a non seulement annoncé ses souffrances, donc la coupe dont il voulait négocier avec Son Père sa mort. Paul a été décapité. Pierre a été accroché à une croix, la tête vers le bas. Étienne a été lapidé à mort et Jacques (l'un des fils de Zébédée) a été décapité. Jésus a pris le péché, la culpabilité et la mort de plusieurs sur lui-même. Qu'est-ce que vous êtes prêt à sacrifier pour le bien-être d'autrui ? Car ce auquel vous êtes prêt à renoncer détermine ce que Dieu va vous apporter.

5) En résumé :

- Le mentorat est un procédé en matière de leadership qui entend transférer de manière intentionnelle le savoir, la perspicacité, la sagesse à travers une relation expérimentale pratique avec son potentiel successeur.

- Le mentorat est la manifestation du plus haut niveau de maturité et de confiance de soi en matière de leadership.

- Les grands leaders attachent les gens à leur vision et non à leur personnalité.

- La seule position de leadership qui vous appartient est celle à laquelle vous avez été assigné.

- Seul le service justifie la qualité de votre leadership.

CHAPITRE 6

La loi de la substitution

(Appelé à faire des disciples)

1) Il y a toujours quelqu'un d'autre

Il y a chez la plupart des personnes qui occupent une position de leadership l'idée erronée et surtout conservatrice qu'elles sont indispensables au point d'être irremplaçables. Par indispensables, elles entendent qu'il n'y aucune autre personne apte à remplir leur rôle aussi bien qu'elles le font. C'est un raisonnement du genre : « *Personne ne peut assurer comme je le fais.* » Cependant, il y a toujours quelqu'un capable de jouer votre rôle et de vous remplacer valablement sinon mieux.

Dans 2 Samuel 18, il est conté une histoire qui puisse corroborer notre approche. Il s'agit justement d'Absalom qui s'est fait construire un monument funéraire en gage de sa mémoire. La Bible relate, de son vivant, Absalom s'est fait ériger un monument dans la vallée du roi, car il disait: "*Je n'ai point de fils*" par qui le souvenir de mon nom puisse être conservé. Et il donna son propre nom au monument qu'on appelle encore aujourd'hui « *monument d'Absalom.* »

Si vous allez à Jérusalem, il est question d'un monument érigé dans la vallée du Cédron. Cet homme, Absalom, avait essayé d'usurper le pouvoir de son propre père, le roi David, en se faisant construire une structure sépulcrale.

Nous devons veiller à ne tomber dans ce piège. C'est un risque qui peut nous guetter tous malheureusement. Nous pouvons nous engager dans le service de Dieu et tellement nous y attacher que ce que nous avons construit finit par devenir un monument plutôt que quelque chose d'utile à la communauté. Nous finissons par presque désirer être enterré dans notre service plutôt que d'être vraiment une bénédiction pour les autres. Ce n'est pas cela le plan du Seigneur.

Cette tare altère le ministère de beaucoup de serviteurs de Dieu. Nous ne parlons pas simplement de prédicateurs, mais de beaucoup de personnes qui ont été pleinement, et peut-être même trop attachées à leurs services (*ministères*) plutôt qu'aux gens. Si on leur enlève leur service, il ne leur reste rien. Ces gens préfèrent continuer jusqu'à mourir dans leur service.

Quelle a été la fin pour Absalom ? L'histoire biblique continue pour dire : « *Ils prirent Absalom, le jetèrent dans une grande fosse au milieu de la forêt, et mirent sur lui un très grand monceau de pierres …* » Et le monument qu'il avait construit est resté vide jusqu'à ce qu'il soit détruit. À la source de la pensée d'Absalom : « *Je n'ai point de fils…* » On retrouve souvent cette idée : « *Il n'y a personne qui soit capable de venir après moi, ou alors il n'y a personne après moi.* »

C'est une idée fausse que de croire être la seule personne crédible au monde. Il y a toujours un faible reste. Il y a toujours quelqu'un que Dieu prépare. Du temps de Saül, il y avait un David que personne ne connaissait. Le Seigneur a été le chercher derrière le troupeau, jusque dans les bois, alors qu'aux yeux humains, le jeune prétendant au trône d'Israël n'était qu'un gamin beau de figure et sans expérience pour conduire tout un peuple.

Il y a toujours un Josué, il était tout juste à côté de Moïse. En fait il semblerait qu'au départ et à un moment, Moïse ne l'avait même pas remarqué. Il avait fallu que Dieu le lui dise : « *Il y a Josué à côté de toi, Je l'ai préparé.* » Nous ne devons pas avoir une vision nihiliste. C'est du pessimisme pur et simple que de croire qu'il n'y a ou ne doit y avoir personne après nous ; que presque tout va être perdu, tout va être détruit, ce n'est pas vrai.

Dieu est le Dieu de la vie, Il suscitera toujours quelqu'un pour continuer Son Œuvre. Ne disons point comme Abraham: « *Je n'ai point d'héritier.* » Ne disons pas comme Absalom : « *Je n'ai point de fils* », mais croyons que le Seigneur relèvera toujours Son héritage. Saül et Absalom sont donc passés à côté de l'objectif que Dieu leur avait donné.

2) Pourquoi ne reproduisons-nous pas de bons leaders ?

Il faut d'abord reconnaître qu'il faut être un leader pour attirer un potentiel. C'est une loi naturelle :

 les semblables s'attirent.

Qui se ressemble s'assemble. En d'autres termes, il faut un leader pour en admettre un autre, pour le former et lui permettre d'émerger. En un mot, il faut un leader pour en attirer un autre.

Il va sans dire que l'attirance en est l'étape numéro un même si nous devons le reconnaître, beaucoup de personnes occupent des postes de leaders sans pour autant captiver les autres. Cependant, les faits demeurent que les vrais leaders peuvent provoquer des leaders potentiels parce qu'ils pensent comme eux, expriment des sentiments que les autres ressentent, qu'ils créent un environnement propice qui leur attire des leaders potentiels et qu'ils ne se sentent pas menacés par les gens qui ont beaucoup de capacités.

En effet, plusieurs raisons peuvent se trouver à la base de cette défaillance du leadership. Le manque de bons modèles et de formation en matière de leadership en est une cause probable. Personne ne peut donner ce qu'il n'a pas reçu. Il y a aussi la méfiance qui en un motif majeur. Les leaders qui ne créent pas d'autres leaders ont souvent un problème de confiance pour déléguer. Ils manquent du pouvoir de lâcher prise.

Il y a encore plein d'autres facteurs qui peuvent justifier cette lacune : le fait de mettre la paperasse devant les gens-travail peut être un mobile plausible. L'absence d'affirmation de soi peut être également une cause éventuelle. Le fait aussi de se méfier des gens talentueux et indépendants. Des gens bourrés d'énergie et d'idées au point de susciter l'envie et la suspicion chez les autres. En dernier lieu, le fait d'exercer la dictature dans les prises de décisions. Ce sont autant de raisons susceptibles de contraindre un leader à bien jouer son rôle et se faire succéder selon les règles.

Conséquemment, nous devons éviter de reproduire les mauvaises habitudes de leadership de certains autres : personne ne m'aide, je ne vais donc aider personne. Parce que la mortalité frappe à la porte de tous ; parce que tout le monde est passager, il n'en est pas différent pour un leader, même s'il s'agissait d'un authentique homme de Dieu. Il devra s'assurer avant son départ que la succession se fasse selon les règles et le standard du Royaume.

En somme, tout leader qui ne s'entoure pas de suiveurs ou de disciples ne pourra compter que sur lui-même et donc uniquement sur ces propres ressources (*déjà limitées*) pour effectuer tout le travail et concrétiser la vision. Sans aucune aide pour supporter le fardeau, il se fatiguera et s'usera à la tâche, c'en est une certitude. À moins que vous ne vouliez que cela vous arrive, vous devez former d'autres leaders avec l'idée finale qu'ils vous remplaceront valablement le moment venu.

3) *Les marques d'un leader en sécurité émotionnelle*

La sécurité émotionnelle est l'état d'esprit confiant et tranquille d'une personne qui se croit à l'abri du danger ou de l'échec. C'est une situation tranquille qui résulte de l'absence réelle de crainte ou d'intimidation. Le leader efficace se montre toujours confiant. Il ne prend pas de décision à la hâte, mais il a conscience que l'avenir de tous ceux qui le suivent dépend de tout ce qu'il aura pris en termes de conclusions pour assurer la survie au sein de son organisation.

Voici en quelques points certaines caractéristiques qui prouvent qu'un leader se trouve en état de sécurité émotionnelle :

1- Il pense au-delà de son leadership.

2- Il pense de manière générationnelle.

3- Il est conscient de son état passager.

4- Il sait qu'il n'est pas indispensable (la vision est indispensable, mais le visionnaire ne l'est pas).

5- Il a conscience de l'avenir de son organisation.

6- Il se sent très rassuré en lui-même.

7- Il ne craint pas le succès des autres.

8- Il agit comme un visionnaire et non comme un propriétaire.

9- Il se prépare toujours à partir, connaissant qu'il n'est pas là éternellement.

10- Il sécurise son héritage. (C'est à leur avantage que je m'en aille, se dit-il. Va savoir pourquoi !)

4) *Évitez de commettre des erreurs*

Nous avons convenu plus haut que les leaders, comme tout le monde, ne sont pas des êtres parfaits. Ils peuvent à ce titre commettre des erreurs, comme la plupart d'entre nous. Cependant, il y a des méprises qu'un leader ne doit jamais s'aviser de commettre. Cela dit, de telles erreurs sont susceptibles de résulter en de cuisants échecs et même détruire tout l'héritage qu'il a passé son temps à ériger. Or on ne devrait pas se permettre, par de mauvais choix, de détruire ce qu'on a mis du temps, de l'énergie et des sacrifices à construire.

Voici donc en quelques points certaines erreurs que vous devez éviter de commettre si vous voulez que votre leadership vous suive à la trace :

Ne jamais choisir un successeur qui aime votre vision.

Ne jamais choisir celui qui aime votre don au point de vouloir se l'approprier.

Ne jamais choisir celui qui vous envie.

Ne jamais choisir celui qui désire votre pouvoir.

Ne jamais choisir celui qui veut une position d'autorité, et ce à tout prix (*celui qui a l'obsession du pouvoir*).

Ne jamais choisir quelqu'un qui se croit être plus sage que vous.

5) *Principes pour identifier le bon prétendant*

Après qu'il a fait le miracle de la multiplication des pains et qu'il ait fini de distribuer la nourriture aux gens, Jésus allait connaître une croissance ministérielle numérique faramineuse de 300% de 12 à 70 disciples. Au lieu de célébrer ce surprenant surcroît, comme le feraient la plupart d'entre nous, Jésus provoqua ses disciples en leur posant une question plutôt curieuse : « *Pourquoi me suivez-vous ?* »

L'idée, c'est de savoir ce qui attire les gens vers vous. Vous devez discerner ce qui motive les gens à vous suivre. Ne soyez pas prompt à déléguer votre pouvoir parce que des gens vous applaudissent ou qui perdent la tête par affolement pour vous. Les vrais leaders sont des gens qui veulent aller seuls. Certaines personnes peuvent prétendre que Dieu les envoie, mais dès que survient un obstacle, avant même que quelque disgrâce ne surgisse, ils s'évaporent comme la rosée se dissipant à la chaleur du soleil.

Faites confiance aux gens qui ne dépendent pas de vous pour gagner leur vie. Après les 70 à gauche, il se tourne vers les douze leur demandant : « *Et qu'en est-il de vous ?* »

Ne donnez jamais votre organisation à une personne ayant une autre source en quoi puiser. Remarquez que Josué n'a jamais été appelé serviteur du Seigneur, mais de Moïse. Dieu ne s'adressait jamais à Josué en présence de Moïse. Et c'est uniquement de son maître que Josué recevait ses directives. Plus vous voulez grimper haut, plus vous avez besoin de leadership responsable. Plus l'impact que vous voulez créer est grand, plus votre influence doit être grande.

Voici une liste non exhaustive de critères vous permettant de bien choisir votre successeur.

- Choisissez celui qui vous aime et non votre vision.

- Choisissez celui qui vous aime, et non votre don.

- Choisissez celui qui vous aime plus que le pouvoir.

- Choisissez celui qui veut vous protéger et vous défendre à ses dépens.

- Choisissez celui qui est prêt à mourir pour vous (mourir à leur propre ambition).

6) Jésus et le choix de ses successeurs

« *Après qu'ils eurent mangé, Jésus dit à Simon Pierre: Simon, fils de Jonas, m'aimes-tu plus que ne m'aiment ceux-ci ? Il lui répondit: Oui, Seigneur, tu sais que je t'aime. Jésus lui dit : Pais mes agneaux. Il lui dit une seconde fois: Simon, fils de Jonas, m'aimes-tu ? Pierre lui répondit : Oui, Seigneur, tu sais que je t'aime. Jésus lui dit : Pais mes brebis. Il lui dit pour la troisième fois : Simon, fils de Jonas, m'aimes-tu? Pierre fut attristé de ce qu'il lui avait dit pour la troisième fois : M'aimes-tu ? Et il lui répondit : Seigneur, tu sais toutes choses, tu sais que je t'aime. Jésus lui dit : Pais mes brebis.* » **(Évangile selon Jean 21, 15-17)**

L'idée, c'est d'être conscient de ce vous faites et de la raison pour laquelle vous le faites. Vous ne devez jamais faire une passation quand vous êtes malade ou presque mort. Vous devez être sain d'esprit et fort mentalement. Vous devez être lucide et ayant tous vos sens.

Jésus ne cherchait jamais à s'associer au commun. Il évitait interminablement ceux qui aiment son ministère, ses miracles et non ce qu'il peut leur procurer en termes de substance spirituelle.

Constamment, il met ses disciples à l'épreuve pour s'assurer de choisir les bonnes personnes. Si vous voulez me suivre, leur disait-il, vous devez être prêts à tout quitter. Et personne ne quitte tout à cause de moi, c'est-à-dire pour la cause juste, sans recevoir dans cette vie le centuple et dans l'autre, la vie éternelle.

7) Faire le test

Comment reconnaitriez-vous le successeur idéal ? C'est peut-être la question que vous vous posez en ce moment. La réponse à cette question est simple : Vous le reconnaîtrez à ses fruits. La raison en est qu'il y a de l'amour dans la succession. En d'autres termes, vous ressentirez l'attraction par l'amour que votre serviteur entretient pour vous. Aucun apiculteur ne bouscule la huche dont il a besoin du miel. Souvenez-vous que les semblables s'attirent. Il y a donc une attraction naturelle dans cette relation spirituelle de père et de fils. Il y a tout simplement de l'amour dans le processus de la succession.

Jésus a parlé de sa mort à ses disciples, et l'un d'entre eux, Simon Pierre, s'est indigné, et a dit : « *Non, je mourrai pour vous.* » Jésus demande aux neuf d'attendre, et les trois autres de se rapprocher. Leur demandant de regarder avec lui, comme s'il savait que quelque chose allait se passer.

Lors de son arrestation, les dix se sont enfuis à la hâte, mais Pierre est resté pour suivre ce qui allait se passer. Il n'a pas lâché le Seigneur d'une semelle. Certains sermons autour de l'apôtre montrent qu'il n'était pas vraiment « *déloyal* » en niant Jésus, alors que nous pouvons en filigrane découvrir le sens jusqu'au-boutiste de son amour vis-à-vis du Maître.

Alors que le disciple que Jésus aima s'est enfui dès le départ comme tous les autres. Analysons nous-mêmes pour voir, si ce ne fut pas la semence de la succession qui travaillait qui fait qu'il ne pouvait abandonner son prédécesseur en cours de route. (Jean 18, 10 -11)

Pierre tira son épée et mit Jésus derrière lui et dit aux soldats: « *Touche à mon Maître si tu peux.* » Il a pris une défense publique en enlevant une l'oreille droite du soldat romain. Jésus doit avoir attentivement regardé toute la scène et vit la profondeur de l'intégrité de son cœur. Jésus a dit Pierre : je suis maintenant convaincu de votre amour, maintenant vous pouvez remettre vos couteaux à leur place.

1- Celui qui vous aime, aimera qui vous aimez. (forte appréciation)

2- Celui qui vous aime aimera ce que vous aimez.

3- Celui qui vous aime protégera les gens que vous aimez.

4- Celui qui vous aime appréciera ce que vous aimez.

5- Celui qui vous aime préservera ce que vous aimez.

L'amour est la fournaise qui épure toutes les intentions. Il va sans dire que si vous avez quelque doute sur un sentiment, testez-le dans le creuset de l'amour, il en sortira purifier. La relation d'amour qui existe entre le leader et son prétendant remplaçant est le motif le plus probant de la succession. Il ne peut y avoir de raison plus grande que l'amour.

8) En résumé :

- C'est une idée fausse que de croire être la seule personne crédible au monde.

- Tout leader qui ne s'entoure pas de suiveurs ou de disciples ne pourra compter que sur lui-même.

- Le vrai leader pense de manière générationnelle.

- Un leader responsable ne fait jamais de choix ni de passation de pouvoir quand il est malade ou presque mort. Il attend d'être sain d'esprit et fort mentalement.

- L'amour est la fournaise qui épure toutes les intentions.

- La relation d'amour qui existe entre le leader et son prétendant remplaçant est le motif le plus probant de la succession.

CHAPITRE 7

La loi du reflux

(La dernière prestation du leader)

1) Tout commence dans le cœur

Je crois avoir déjà dit, dans les lignes qui ont précédé, que la valeur d'un leader ne se mesure pas au nombre de gens qui le suivent ou qui sont à son service mais plutôt au nombre de ceux qu'il sert. Jesus a dit : « *Je ne suis pas venu pour être servi, mais pour servir et donner ma vie.* » Son exemple est inestimable.

De cette façon, l'on peut dire de l'acte de la succession que c'est un geste de générosité : On accepte de tout donner à un autre tout ce l'on a accompli jusqu'ici et qui manifestement n'avait pas suffi pour permettre à l'humanité d'atteindre son plein potentiel. C'est de la générosité extravagante que de choisir de se retirer pour le bonheur et la croissance du plus grand nombre. Jésus, encore lui, a dit : « *Il vous est avantageux que je m'en aille.* » Et l'évidence en était que son départ avait largement facilité l'accomplissement de ses bien-aimés disciples.

Il va sans dire que le geste de la passation priorise les gens et non soi-même. Mais comme dans le don tout le monde sort gagnant, il n'y a pas lieu de chercher un grand bénéficiaire. Or s'il y pouvait en avoir un se serait précisément celui qui donne.

En fait, l'Écriture dit qu'il y a plus de bénéfice à donner qu'à recevoir. Ce qui a fait dire à un président américain, Calvin Coolidge : « *Personne n'a jamais été honoré pour ce qu'il a reçu. Chaque distinction honorifique est une récompense pour ce que l'on a donné.* » Rien ne sert mieux les autres et rien n'a autant d'écho dans leur vie que la générosité d'un leader. Il n'y a plus grand geste pour un leader que celui de donner sa vie, le sentiment d'avoir servi à quelque chose d'honorable durant une bonne partie de sa vie et de laisser une trace positive indélébile dans la vie des gens.

Certes, il n'est pas aisé pour un leader partageant le sentiment d'insatisfaction, l'impression de n'avoir pas servi à grand-chose, d'être généreux au point de passer le bâton à un autre en mesure de faire mieux. Pourtant c'est nécessaire de le faire. Aucun président ne peut refuser de céder le pouvoir au prochain chef d'État élu aux urnes sous prétexte d'avoir d'autres grands projets à concrétiser pour la nation.

C'est une étape cruciale de la vie d'un leader que de se sentir reconnaissant d'avoir été appelé à tenir la place à un successeur plus doué et plus affable. Il est important de savoir que la position du leader n'est pas d'acquérir des trophées ou de cumuler des années de gloire pour lui-même, mais de contribuer à l'amélioration de la vie des gens et à l'élévation de l'humanité. Aussi est-il décisoire, cher leader, de vous poser la question : « *Qu'ai-je accompli jusqu'ici qui me procure le sentiment d'avoir contribué effectivement à l'amélioration de mon monde ?* »

Il faut cogiter mûrement sur la question. Est-ce que je suis un leader généreux ? Cherché-je continuellement des moyens d'accroître la valeur des autres ? Suis-je disposé à donner ma vie et tout ce que j'ai accompli pour une cause plus grande que moi-même ?

LA LOI INCONTOURNABLE DE LA SUCCESSION

John Bunyan a dit : « *Vous n'avez pas vraiment vécu aujourd'hui si vous n'avez pas donné quelque chose à quelqu'un qui ne pourra jamais vous le rendre.* » Or si vous ne donnez pas de votre vie aux autres, auriez-vous le culot de croire que vous êtes un leader aussi accompli que le furent Jésus-Christ, Mahatma Gandhi, Nelson Mandela, Martin Luther King, Jr. ?

Jésus avait souffert le martyr et connu la honte de son époque : la mort de la croix. Employé comme conseiller juridique pour une société indienne en Afrique du Sud, Gandhi y découvre comment les Noirs ainsi que les Indiens y sont privés de nombreux droits civiques et sont victimes de l'intolérance et du racisme. Il entreprend alors, pendant les vingt années qui suivent un combat de résistance non violente et de non-coopération face aux autorités sud-africaines.

Nelson Mandela a sacrifié 27 années de sa vie dans une prison pour convaincre son peuple de la lutte contre l'Apartheid. Martin Luther King, Jr. a laissé sa vie sur le champ de bataille en laissant derrière un rêve d'égalité et de justice sociale : « *Je fais un rêve.* » Chacun d'entre eux savait qu'il allait sacrifier une partie de leur vie et pourtant, ils n'ont pas reculé et ont laissé un meilleur monde que ce qu'il avait trouvé en arrivant.

John C Maxwell a dit :

Votre chandelle ne perd pas de son intensité lorsqu'elle sert à en allumer un autre.

En d'autres termes, le simple geste qui consiste à vous départir de quelque chose auquel vous tenez énormément, change quelque chose à l'intérieur et tout autour de vous. Cela détruit le démon de l'égoïsme, de la cupidité à l'intérieur de vous. Car si vous êtes dépendant de votre égo, vous ne pouvez pas être un leader, encore moins un successeur idéal.

2) *Tout ce qui n'est pas donné (transmis) est perdu*

L'Ecclésiaste a dit qu'il y a un temps alloué à chaque chose sous le soleil. Or, la vie d'un leader devrait comporter trois périodes : un temps pour être convaincu de son appel et pour recevoir la prêtrise ; un autre pour l'exercer à bon escient et avec verve et puis un autre pour passer le sacerdoce à un autre. La seule manière pour un leader de conserver une attitude positive par rapport au leadership est de savoir faire la différence entre les époques et de bien comprendre la raison d'être de son appel.

L'idée est avant tout de faire comprendre que le but de la vie humaine ne consiste pas à se cramponner à ce l'on a acquis. Elle ne se résume pas à thésauriser les titres honorifiques, la gloire ou les satisfactions personnelles, mais plutôt à faciliter la vie des autres et de contribuer, et j'ai dit bien « contribuer » à un meilleur environnement que ce qu'il a trouvé au départ.

Vous devez donc, chers leaders, être reconnaissants de tout ce que vous avez pu accomplir, des moments que vous avez connus, aussi amusants ou difficiles qu'ils fussent ; car, d'une manière ou d'une autre, ils ont fait de vous la personne que vous êtes devenu à votre départ. Et même si votre mission était uniquement de tenir la place à votre successeur le temps que celui-ci soit prêt pour assumer la fonction, que vous importerait-il ? Vous auriez amplement servi à une cause noble.

L'essentiel, c'est que vous ayez joué votre partition et qu'il est temps pour vous de vous retirer joyeusement, avec le sentiment heureux et le cœur reconnaissant d'avoir pu servir à quelque chose de plus grand que vous-même.

3) *Vous n'avez rien à perdre en partageant*

Vous devez comprendre que lorsqu'un leader passe au stade de prédécesseur, son rôle ne s'arrête pas là. Son expérience ne meurt pas à la retraite. Il n'y a pas de meilleurs conseillers qu'un homme qui sait et qui a expérimenté ce dont il parle. Aussi, le leader à la retraite peut passer pour maître dans l'art de conseiller, d'encourager, de motiver et de guider.

Il ne s'agit ni d'interférer ni de subordonner à la fonction de votre successeur mais de contribuer, dans la mesure où il le souhaite et l'autorise, à son succès et au bonheur des gens.

Il n'est point besoin qu'on vous dise combien il est crucial que vous obteniez d'abord et avant tout l'assentiment de votre successeur avant de l'aider. C'est même lui qui doit faire la demande et non votre envie de l'aider qui doit prendre le dessus. Le but est de seulement partager vos points de vue, selon les expériences et les moments que vous avez vécus lors de votre passage dans le leadership. Il n'y a rien d'autre. Et de plus, si vous aviez créé un environnement positif qui devrait contribuer au développement de votre successeur, il ne devrait pas y avoir des raisons de s'inquiéter au point de vouloir trop s'impliquer.

4) En résumé :

- C'est de la générosité pure et simple que de choisir de se retirer pour le bonheur et la croissance du plus grand nombre.

- Rien ne sert mieux les autres et rien n'a autant d'écho dans leur vie que la générosité d'un leader.

- Il est important de savoir que la position du leader n'est pas d'acquérir des trophées ou de cumuler des années de gloire pour lui-même, mais de contribuer à l'amélioration de la vie des gens et à l'élévation de l'humanité.

- La seule manière pour un leader de conserver une attitude positive par rapport au leadership est de savoir faire la différence entre les époques et de bien comprendre la raison d'être de son appel.

- Il n'y a pas de meilleurs conseillers qu'un homme qui sait et qui a expérimenté ce dont il parle.

EN GUISE DE CONCLUSION

Des êtres de destinée

Même si l'on n'est pas parvenu à inspirer, dans les lignes précédentes, une définition du leadership aussi adaptée que plausible ; même si nous ne disposons pas encore de termes plus simples pour discuter, sinon enseigner, le concept d'une manière plus directe et progressive, on a, du moins c'est ce que je crois, découvert une chose à propos du leadership et qui est fondamentale : c'est que le leadership est une compétence rare qu'il faut à tout prix enseigner aux autres.

C'est crucial et c'en est même devenu une nécessité de nos jours. Même si dans les faits on est né leader, c'est une responsabilité des plus nobles que d'apprendre aux gens de mettre ce talent à profit. Car tout talent qui aura été uniquement enfoui dans la terre de la procrastination ou de l'improductivité se décroît et finit par disparaître.

Ma foi est que tout le monde, même le clochard s'accroupissant au coin de la rue, a un potentiel de leadership, tout comme tout le monde dispose de certaines aptitudes à faire du sport. Il n'y a donc pas de leader aussi éminent soit-il qui est venu au monde avec un potentiel génétique extraordinaire que, en quelque sorte, son rôle de leader était écrit bien à l'avance.

Car à la vérité, les grandes capacités de leader s'acquièrent, et nous pouvons tous les apprendre dans la mesure où nous en avons le désir fondamental et où nous ne souffrons pas de grandes troubles d'apprentissage. En outre, peu importe nos dons naturels, nous pouvons les cultiver. Or, l'acquis est beaucoup plus important que l'inné pour déterminer qui deviendra d'une part un vrai leader.

D'autre part, il ne faut pas croire que la succession, pour autant qu'elle s'impose, soit un processus facile à opérer. Il faudra d'abord apprendre aux autres à être leaders. Pour cela, il n'existe pas de formule magique, ni de science exacte, encore moins de recette abracadabrante menant inévitablement au leadership. Il s'agit tout au contraire d'un processus profondément humain, ponctué d'essais et d'erreurs, de victoires et de défaites, de calculs et de hasards, d'intuition et de perspicacité.

Apprendre aux autres à devenir leaders, c'est un peu comme leur apprendre à être parents ou amant. L'enfance et l'adolescence fournissent les valeurs fondamentales et des modèles de rôles. Les livres peuvent aider à comprendre ce qui se passe, mais pour ceux qui sont prêts, la majeure partie de l'apprentissage se fait durant l'expérience elle-même, c'est-à-dire dans le service.

Pourtant, aisé ou pas, à une époque caractérisée par la rapidité du changement, il est indispensable que le leadership s'oriente vers l'avenir, se préoccupe plus de choisir la meilleure orientation possible : la succession. Car le leadership est encore plus nécessaire aujourd'hui qu'en période de stabilité, que lorsque la relation entre les gens et leur environnement est bien comprise que les règles du jeu sont fixées une fois pour toutes et que même les managers peuvent être efficaces.

TABLE SYNOPTIQUE

Chapitre 1

Le leadership : Un héritage qui s'assume

(*La responsabilité première du leader*)

La loi de productivité
Les grands leaders se perpétuent
Tout ce qui ne se reproduit pas meurt
Vos impacts ne sont jamais négligeables
En résumé

Chapitre 2

Le ralliement par la vision

(*La loi de la continuité*)

Ce qui caractérise un leader efficace
La loi de l'interdépendance
Comprendre la loi de la continuité
Le miracle de la vision partagée
En résumé

Chapitre 3

La succession : Couronnement du leader

(*La plus grande réussite dans le leadership*)

Nul n'est parfait

La mesure du succès dans le leadership

La succession est une nécessité

L'obligation du leadership

Le but ultime du leadership

Les secrets de la succession dans le leadership

La succession conserve le succès

En résumé

Chapitre 4

Le processus de la succession

(*Les critères de base pour désigner un successeur*)

Avez-vous identifié le prétendant idéal ?

Un successeur de caractère

Le facteur de l'influence

Votre attitude est déterminante

Développez les relations interpersonnelles appropriées

Développez la confiance

Aptitudes à communiquer efficacement

Prêchez par l'exemple

En résumé

Chapitre 5
Au service de son prédécesseur
(*Apprendre les ficelles du métier*)

La loi de la progression

La loi du service

Les trois phases de la vie d'un leader

3.1- La dépendance : besoin de mentorat

3.2- L'indépendance : maturité de l'expression de soi et de l'identité individuelle

3.3- L'interdépendance : contribution au développement continu (ou à la reproduction) de l'espèce.

Il y a un prix à payer

En résumé

Chapitre 6
La loi de la substitution
(*Appelé à se faire des disciples*)

Il y a toujours quelqu'un d'autre

Pourquoi ne reproduisons-nous pas de bons leaders ?

Les marques d'un leader en sécurité émotionnelle

Évitez de commettre des erreurs

LA LOI INCONTOURNABLE DE LA SUCCESSION

Principes pour identifier le bon prétendant

Jésus et le choix de ses successeurs

Faire le test

En résumé

Chapitre 7

La loi du reflux

(*La dernière prestation du leader*)

Tout commence dans le cœur

Tout ce qui n'est pas donné est perdu

Vous n'avez rien à perdre en partageant

En résumé

www.ingramcontent.com/pod-product-compliance
Lightning Source LLC
Chambersburg PA
CBHW071020080526
44587CB00015B/2428